U0505703

教育部人文社会科学一般项目
"人口、产业与城乡协同下三峡库区乡村振兴动力重构研究"

重庆市教委自然科学项目
"金融支持重庆新型城镇化高质量发展的区域差异研究"

重庆工商大学高层次人才科研启动项目
"金融支持新型城镇化高质量发展的区域差异研究"

重庆市教育科学规划重点项目
"基于'扶贫综合体'平台的农村籍贫困生培育路径研究"

重庆工商大学学术专著出版基金资助

金融支持新型城镇化建设的区域差异研究

——人口、产业和空间视角

梁桂保 著

中国财经出版传媒集团

经济科学出版社
Economic Science Press

图书在版编目（CIP）数据

金融支持新型城镇化建设的区域差异研究：人口、产业和空间视角/梁桂保著. —北京：经济科学出版社，2021.1
ISBN 978 - 7 - 5218 - 2336 - 3

Ⅰ. ①金…　Ⅱ. ①梁…　Ⅲ. ①金融支持 – 城市化 –
建设 – 研究 – 中国　Ⅳ. ①F299.21

中国版本图书馆 CIP 数据核字（2021）第 018548 号

责任编辑：周国强
责任校对：杨　海
责任印制：王世伟

金融支持新型城镇化建设的区域差异研究
——人口、产业和空间视角
梁桂保　著
经济科学出版社出版、发行　新华书店经销
社址：北京市海淀区阜成路甲 28 号　邮编：100142
总编部电话：010 – 88191217　发行部电话：010 – 88191522
网址：www. esp. com. cn
电子邮箱：esp@ esp. com. cn
天猫网店：经济科学出版社旗舰店
网址：http：//jjkxcbs. tmall. com
北京季蜂印刷有限公司印装
710 × 1000　16 开　11.5 印张　2 插页　200000 字
2021 年 1 月第 1 版　2021 年 1 月第 1 次印刷
ISBN 978 - 7 - 5218 - 2336 - 3　定价：68.00 元
（图书出现印装问题，本社负责调换。电话：010 – 88191510）
（版权所有　侵权必究　打击盗版　举报热线：010 – 88191661
QQ：2242791300　营销中心电话：010 – 88191537
电子邮箱：dbts@ esp. com. cn）

前　言

　　基于国际经济形势转变及可持续发展要求，中国经济从过度依赖投资和出口向内需主导型增长模式转变已是燃眉之急。新型城镇化是我国现代化建设的历史任务，也是扩大内需的最大潜力所在。当前，我国城镇化率已超过50%，进入加速发展阶段，城镇化加速推进必将对资金产生巨大需求。现阶段，我国城镇化建设存在过度依赖财政投入导致地方债务风险剧增问题。因此，无论是出于推进城镇化进程以促进经济增长，抑或是防控地方债务风险确保经济平稳运行，探讨和研究新型城镇化的金融支持均具有重要的理论和实践意义。然而，我国东、中、西部地区金融市场呈现明显的"不平衡不充分发展"特征，金融支持城镇化建设的路径和模式存在显著地区差异。探讨我国金融支持新型城镇化建设的区域差异，因地制宜制定差异化的金融政策和城镇化路径尤为紧迫。

　　城镇化进程中的金融支持作用引起学术界广泛关注。发达国家城镇化进程已基本完成，因而国外学者主要从金融发展与经济增长的关系角度加以研究；近年来，国内学者对此问题的关注明显增加，分别从金融支持产业结构升级、人口城镇化推进及基础设施建设等角度展开研究，取得了较为丰硕的成果。同时，现有研究亦存在研究视角单一、忽视区域差异及将金融发展与城镇化隔离进行研究等不足。本研究立足于我国东、中、西部地区不平衡不充分发展的现实，利用面板数据模型定量分析金融发展对城镇化进程中人口、产业和空间三个维度的影响，探索我国东、中、西部地区金融支持城镇化建设的有效路径。

主要研究内容及结论如下：

（1）梳理金融支持城镇化建设的作用机理。通过查阅国内外文献，梳理金融支持城镇化建设的相关理论和实践模式，揭示我国金融支持人口城镇化、产业城镇化和空间城镇化进程的作用机理。结果表明，人口城镇化、产业城镇化及空间城镇化的金融支持路径存在差异，探讨两者间相互关系应充分考虑其影响因素的不同。其中，产业城镇化发展的金融因素更具市场化特征，人口城镇化和空间城镇化建设则更依赖政策性金融推动。

（2）我国东、中、西部地区金融发展和城镇化进程的演化特征。首先，分别从银行业、保险业和证券业等三个领域对我国东、中、西部地区金融发展演变做全面、系统地阐述，比较、评价东、中、西部地区金融规模、金融结构及其存在问题。其次，分别从人口城镇化、产业城镇化和空间城镇化三个层面，梳理东、中、西部地区城镇化建设的演变历程，对比分析三大区域及其内部各省份城镇化进程差异。结果显示，东部地区金融发展水平和城镇化进程均领先于中部和西部地区；西部地区金融发展和城镇化建设起步较晚，但发展速度快，区域金融发展水平和城镇化进程已与中部地区持平。从区域内部差异角度看，东部和西部地区区域内部差异较大，中部地区各省域金融发展水平及城镇化进程更为均衡。

（3）我国东、中、西部地区金融支持城镇化建设的实证研究。基于我国31个省份2005～2015年的面板数据，采用单位根检验、协整分析等方法，运用面板数据模型定量分析金融发展对城镇化进程中产业－人口－空间等不同维度的影响。结果显示，金融发展规模对东、中、西部地区产业城镇化均有正向促进作用，对东、中、西部地区人口城镇化和空间城镇化的影响则产生明显分化；金融转化效率提高对东部产业城镇化形成有力支撑，而抑制了中部和西部产业城镇化发展；财政性金融发展均推动了三大区域人口城镇化和空间城镇化进程，但存在边际效应递减现象。

（4）金融支持城镇建设的对策建议。基于理论分析和实证结果，为提升城镇化建设的金融支持作用，本研究从金融发展和城镇化体系构建两方面给出对策和建议。针对金融发展领域，提出东部地区应充分利用发达资本市场，引导民间资本深度参与城镇化建设；中部地区需推动资本市场发展，提高金融转化效率；西部地区适度降低对财政性金融的依赖，推进商业性金融发展。针对城镇化体系构建，我们认为应从全国层面和区域内部层面构建梯度城镇化体系，促进城乡一体化发展，为金融支持城镇化建设创建平台和载体。

目　录

第1章

绪　　论

1.1　研究背景及意义

1.1.1　研究背景

1949 年以来，我国城镇化进程经历了四个不同的发展阶段：第一，城乡二元结构阶段（1949～1978 年），本阶段以统购统销制和生产生活资料配给制为主要特征，造成了封闭和僵化的城乡二元结构，城镇化进程极其缓慢；第二，工业城镇化阶段（1979～1994 年），本阶段城镇化以工业发展为动力，着力推动乡镇企业发展和小城镇建设，城镇化进程有所加快；第三，土地城镇化阶段（1995～2013 年），本阶段以经营城市和经营土地为动力，形成了"土地、财政、金融"三位一体的城镇化模式，城镇化进程逐渐提速；第四，新型城镇化阶段（2014 年至今），本阶段强调"以人为本"和"城乡统筹"，加快农业转移人口市民化（左雯敏，2017）。中共十八届三中全会提出要走中国特色新型城镇化道路，强调以人为本、集约智能、绿色低碳、城乡一体、"四化"同步，多元、渐进、集约、和谐、可持续是中国特色新型城镇化的重要特征。谢天成、施祖麟（2015）等指出，中国特色新型城镇化道路要与我国人口多、资源相对短缺、生态环境比较脆弱、城乡区域发展不平衡等基本国情相适宜，以提升城乡居民生活水平和幸福感为根本目标，有序推进公共服务均等化与农业转移人口市民化。由于我国区域差距较大，城镇化道路没有固定的模式，城镇化在推进过程中需要分类指导，各地区要因地制宜、积极探索创新适合本区域的城镇化道路，因此所谓的"中国特色新型城镇化道路"实际是我国各地方不同城镇化道路的"组合"。中共十八大以来我国城镇化率年均提高 1.2 个百分点，8000 多万农业转移人口成为城镇居民。截至 2017 年底，我国常住人口城镇化率达到 58.52%，户籍人口城镇化率为 42.35%。[①]

与此同时，金融业发展也取得长足进步，股票、债券、期货、外汇等全方位的金融市场逐步建立，金融机构涵盖银行、证券、保险、信托等全方位体系，各类金融产品创新层出不穷，金融资产规模增长迅速，1978~2017 年各类金融机构存贷款余额从 5338 亿元增长到 295 万亿元，增长约 552 倍（含物价上升因素）。[②]

然而，如同中共十九大报告作出的关于中国社会主要矛盾转化的重大判断："中国特色社会主义进入新时代，我国社会主要矛盾已经转化为人民日益增长的美好生活需要和不平衡不充分的发展之间的矛盾"，在城镇化和金融整体繁荣发展的背景下，我国地区间城镇化和金融的发展状况同样表现出明显的不平衡不充分特征。东部地区拥有良好的区位优势，在改革开放的诸多优惠政策支持下率先发展起来，城镇化发展水平高、基础设施完善、金融资源丰富、金融业发达。中、西部地区在"中部崛起"和"西部大开发"发展战略的支持下，经济增长开始提速，城镇化进程加快，金融业也获得较大发展，但城镇化和金融发展水平总体较低。普遍的观点认为，发达地区金融资源较落后地区更有优势，如金融产品与金融需求对象匹配速度更快，高效的金融市场可降低融资成本。因此，金融发展作为城镇化进程的重要支撑，

---

① 中华人民共和国 2017 年国民经济和社会发展统计公报。

② 中国国家统计局，历年《中国金融统计年鉴》，经计算得到。

金融发展水平越高、金融结构越合理、金融资源配置效率越高，就越能推动城镇化进程。然而，近十年来，我国金融发展水平最高的东部地区城镇化速度逐渐失去绝对领先地位，城镇化进程连续多年慢于金融发展水平相对较低的中、西部地区。这一显著变化是否有金融因素的参与？是否表明东部地区的金融发展对城镇化进程的边际贡献已经弱于中、西部地区？东、中、西部地区金融发展在促进城镇化进程方面存在着怎样的差异？这种差异与东、中、西部地区城镇化的人口、产业和空间城镇化各领域有何种契合？这些问题的解答有利于寻找产生变化的原因，有利于实现中共十九大报告提出的"要强化举措推进西部大开发形成新格局，深化改革加快东北等老工业基地振兴，发挥优势推动中部地区崛起，创新引领率先实现东部地区优化发展，建立更加有效的区域协调发展新机制"目标；对"以城市群为主体构建大中小城市和小城镇协调发展的城镇格局，加快农业转移人口市民化"的城镇化发展路径和方向，实施乡村振兴战略具有重要意义；有利于中央及地方政府根据各地不同的资源禀赋、产业结构和城镇化进程等制定差异化的金融政策和城镇化路径。

1.1.2　研究目的

城镇化进程中的金融支持受区域资源禀赋、经济发展水平、政策制度、金融发展水平和城镇化阶段等因素影响，体现出区域差异。本研究以东、中、西部地区为研究区域，围绕区域金融发展和新型城镇化的关系展开分析，试图探寻金融发展对城镇化的支撑作用及其所表现出的区域差异，为各级政府因地制宜地制定金融和城镇化发展对策提供参考。通过本研究，拟达到以下目的：

（1）为科学、系统、规范分析金融发展对城镇化的支持作用提供一种可供参考的研究范式。本研究首先对我国新型城镇化的内涵、特点及未来发展趋势进行准确界定，通过对国内外研究现状、相关理论和实践模式进行全面阐释，归纳金融发展对城镇化进程的作用机理，在充分了解我国东、中、西部地区金融发展和城镇化进程演变历程、存在问题的基础上，定量分析东、中、西部地区金融发展对城镇化三个领域的影响，最后提出推动我国东、中、西部地区金融发展和城镇化进程的政策建议。本研究为该领域研究提供了一种可资借鉴的模式。

（2）探寻金融发展对城镇化进程的影响路径。金融发展包含金融规模、金融结构和金融效率等维度，新型城镇化涵盖人口城镇化、产业城镇化和空间城镇化等领域。可见，金融发展和城镇化建设的影响因素众多，探寻金融发展各个维度如何作用于城镇化进程的不同领域，找到二者间的作用机理和传导机制，是本研究的重要课题。

（3）定性与定量相结合，精准识别我国东、中、西部地区金融发展和城镇化建设的现状、问题及其产生原因。本研究分别对近年来我国东、中、西部地区金融发展及人口城镇化、产业城镇化和空间城镇化演化历程进行全面剖析，完整呈现我国金融发展和城镇化进程的区域差异，为探寻我国东、中、西部地区城镇化路径及其有效的金融支持政策提供依据。

（4）实证研究金融发展对新型城镇化支持的区域差异。利用东、中、西部地区金融发展和城镇化进程的面板数据，选择衡量金融发展和城镇化进程的关键指标，通过构建面板数据模型揭示金融发展对东、中、西部地区城镇化进程的影响程度，为因地制宜地制定东、中、西部地区金融发展政策和新型城镇化路径提供实证支撑。

1.1.3 研究意义

1.1.3.1 理论意义

（1）本研究有利于完善中国特色新型城镇化建设金融支持理论和方法体系。

改革开放以来，我国城镇化水平得到大幅提升。经过近十年的高速发展，我国城镇化发展呈现出不平衡不充分特征，传统城镇化模式存在问题日渐暴露。过去依赖土地财政和空间规模扩张的城镇化模式，亟须转向以人为核心的中国特色新型城镇化。保持我国城镇化持续、协调、均衡发展，是实现国家两阶段发展愿景的基本前提和基础。因此，中国特色新型城镇化道路成为学界和各级政府研究的核心问题与关键领域。城镇化进程受当地经济发展水平、产业结构、人口因素以及政策制度等因素影响，针对此类问题学术界进行了广泛和深入的研究，理论成果日渐丰富，以发达国家或发展中国家为研究对象的实证研究手段日益创新。我国金融发展不够成熟，推进中国特色新型城镇化需要一套适合中国国情的金融支持理论方法和体系。

（2）有助于厘清中国特色新型城镇化进程中金融支持的传导机制和作用机理。

金融作为推进城镇化进程的动力，无论是对人口城镇化进程，还是对产业城镇化以及空间城镇化发展均产生举足轻重的作用。金融无论是在资源配置、资金汇集、信息提供等方面，还是在基础设施建设和公共服务设施供应等方面均可产生直接和间接支撑。逻辑分析不难推断金融发展推动了城镇化进程，然而，金融发展与城镇化建设作用机理、支持路径、运行规律等领域的研究仍处于起步阶段，尤其是系统论证金融发展各要素对城镇化不同领域支持作用的研究还十分薄弱。

国外学者对金融发展与经济增长的相互关系研究较多，形成了金融结构论、金融抑制论、金融约束论和金融功能论等较为成熟的理论派系和成果；西方国家城镇化起步早，城镇化发展较为成熟，有关城镇化进程中的金融支持作用的研究较少。我国城镇化进程历经快速恢复、停滞倒退、平稳发展、加速推进等阶段，城镇化进程并非一帆风顺，其间暴露了城乡二元结构、大城市病、小城镇无序发展和半城镇化等一系列问题，国内学者对城镇化问题十分关注。金融作为经济发展和城镇化建设的重要动力，在改革开放后实现了高速发展，与此同时，也暴露出金融体制不健全、金融监管不完善、金融结构不均衡和金融效率不高等弊病，正是基于金融业的重要性及其发展不成熟，国内学者对金融发展的研究突飞猛进。具体到城镇化进程中金融支持作用的相关研究则起步较晚，由于各种限制因素，研究结论差异性较大，对金融发展与城镇化进程的关系认识存在争议，这也为后续的研究与分析提供广阔学术空间。

可见，有关金融发展对城镇化进程支撑作用的理论与实证研究仍有待补充与完善。在当前着力推进新型城镇化进程的时代背景下，研究金融发展对新型城镇化的影响，有助于不断丰富新型城镇化进程中的金融支持理论体系。首先，本研究从理论角度阐释金融发展和城镇化的互动机制，在揭示东、中、西部地区金融与城镇化演变历程及其存在问题基础上，基于东、中、西部各省份金融发展和城镇化数据，采用面板数据模型对东、中、西部各省份城镇化进程中的金融支持作用进行定量测定；其次，依据定量模型分析结果，从东、中、西各省份不同城镇化进程视角，探讨各地金融发展对城镇化进程影响的区域差异；最后，为我国东、中、西部地区制定金融发展和新型城镇化路径给出针对性的措施和建议。本研究从理论上探索金融发展对城镇化进程影响区域差异的传导机制，有一定的理论研究意义。

1.1.3.2 实践意义

中共十八届三中全会提出"坚持走中国特色新型城镇化道路"，对新型城镇化的建设提出了更高层次的要求；2013 年 12 月中央城镇化工作会议强调要"走中国特色、科学发展的新型城镇化道路"，初步阐述了中国特色新型城镇化道路的内涵，标志着中国城镇化理论发展进入一个新的里程。2014年国务院公布的《国家新型城镇化规划（2014—2020 年）》，进一步对中国特色新型城镇化的内容进行了丰富与发展。中共十九大报告提出"推动新型工业化、信息化、城镇化、农业现代化同步发展"。可见，推动新型城镇化高质量发展已成为各级政府和社会各界人士的广泛共识。新型城镇化建设过程中，资金缺口是阻碍城镇化进程的重大难题（谢金楼，2017）。中国社科院《中国城市发展报告（2012）》指出，今后 20 年内，中国将有近 5 亿农民需要实现市民化，人均市民化成本为 10 万元（包括各类社保、公共服务和住房保障投入等），为此至少需要 40 万亿 ~ 50 万亿元的成本。成涛林（2015）预测，2014 ~ 2020 年地方财政仅由新型城镇化一项，就将导致资金缺口 66387亿元。孙东琪等（2016）利用时间序列预测法、Logistic 曲线估算法、复合函数估算法等方法，借助 SPSS 和 ArcGIS 平台，预测 2015 ~ 2030 年全国新型城镇化建设所需资金 105.38 万亿元，而各省份的资金需求并不均衡，差别极大，资金需求最多的是广东，最少的是西藏。由此可见，如何为城镇化进程中产业发展、基础设施建设和公共服务完善筹集巨额资金、探索出最适合的金融发展和金融支持模式，是中国正在面对和亟待解决的重大课题。探索加速金融发展、提升新型城镇化进程中金融支持的作用，具有重大实践意义。在土地财政推动城镇化进程的融资模式愈发受限情况下，本研究对因地制宜构建区域金融发展机制，破解新型城镇化推进过程中的资金瓶颈，发挥金融市场对新型城镇化的支持作用，科学合理有序推进中国特色新型城镇化具有重要的现实意义。

综上所述，本研究在对国内外现有文献进行回顾、梳理及分析研究基础上，结合我国当前实际，充分借鉴国内外学者的研究经验，全面、深入地研究金融发展与城镇化建设的相互关系，准确、透彻分析金融发展作用于城镇化进程的路径与机制，全面梳理和总结我国东、中、西部地区金融发展与城镇化演化历程，进而对我国三大区域金融发展与城镇化进程的区域差异进行定量研究，从而规范解释、辨析趋势、找出路径、促进发展，这对引导我国新型城镇化进程迈入高质量发展轨道、促进区域城镇化协同发展尤为重要。本研究拓宽了国内关于金融发展与城镇化关系的研究视野和分析思路，丰富了实证分析的方法与数据，是对现有研究成果的有益补充，因此，具有较重要的理论指导意义、现实实践意义和重大而深远的战略意义。

1.2　相关研究综述

1.2.1　国外研究现状

国外学者在城镇化进程中的金融支持作用研究中，主要从金融支持对经济增长、产业结构升级和基础设施及公共设施等角度进行研究。

1.2.1.1　关于金融支持经济增长的研究

帕特里克（Patrick，1966）认为金融发展和经济增长存在需求拉动和供给推动两种模式。戈德史密斯（Goldsmith，1969）研究发现，经济发展水平受金融结构的影响十分显著。金融结构越合理，经济发展就越好，反之亦然。麦金农（Mckinnon，1973）、肖（Shaw，1973）分别从金融深化和金融抑制两个角度，系统地阐述了货币金融和经济发展之间的关系。赫尔曼、穆尔多克和斯蒂格里茨（Hellmann，Murdock & Stiglitz，1997）提出金融约束理论，认为金融约束的本质是政府通过一系列的金融政策在民间部门创造租金机会，而不是直接向民间部门提供补贴，"温和的抑制"即金融约束是必要的。莫顿和博迪（Merton & Bodie，1993）与莱文（Levine，1997）提出了金融功能论，认为金融体系的基本功能都是为经济发展提供服务的，金融发展的意义在于金融功能的释放并以此推动经济的增长。

里奥哈和尤勒夫（Rioja & Ualev，2004）利用面板数据对不同发展阶段国家的经济增长的影响进行实证分析，发现金融发展对发展中国家和发达国家经济增长的影响路径差异较大。本齐维加和史密斯（Bencivenga & Smith，1991）对金融机构资源配置与经济增长关系的研究结果显示：金融机构的资源配置能力减少了低收益流动资产的投资，而金融机构均衡发展有助于提高经济增长率。曼昆（Mankiw，1992）则将金融发展对经济增长影响的相关性计量分析扩展至产业及企业层面。拉詹和津加莱斯（Rajan & Zingales，1998）通过行业数据来研究金融发展与经济增长间的相关关系。德米尔－古克和马克西莫维奇（Demirguc-Kunt & Maksimovic，1999）从企业层面寻找金融发展与经济增长的关系。

1.2.1.2 关于金融支持产业结构优化升级的研究

琼斯（Jones，1999）在研究哪些要素可以优化产业结构的过程中，把金融制度和经济政策作为重中之重，认为这两个方面将会对工业现代化产生一定的促进作用。拉詹和津加莱斯（Rajan & Zingales，2003）通过对金融市场、产业结构和经济增长采取实例分析，得出这三者之间内部的必要联系，该研究认为金融市场作为关键要素，在产业结构的优化过程中，起到了主导作用，还带动了地区的经济发展，提升了人们的生活水平。

1.2.1.3 关于金融支持城镇化进程的研究

范（Fan，2002）基于区域人口增长的对比分析，认为城镇化进程离不开金融支持。宋和张（Song & Zhang，2002）透过金融维度分析中国城市规模的分布及其演变。理查德（Richard，1995）以美、英两国主要城市经济数据建立回归模型，结果显示资本投入因素是城镇化最重要的影响因素。德里恩尼克和林（Derriennic & Lin，2003）以美国西部各州数据计算土地、金融和城镇化发展等指标，通过建立离散选择模型研究土地和金融发展对城镇化进程的支持作用。艾泰克（Atack，2009）认为金融发展中金融创新、金融规模、金融效率与金融结构可以提高城镇化水平，而且足以为城镇化提供更多的资金来源与渠道，促使储蓄与社会闲置资金向投资转化，提升城镇化率。比阿特丽斯和穆尔多克（Beatriz & Morduch，2010）认为微观金融机构的小额贷款可填补农村金融服务空白，促进金融服务的多元化，进而推动城镇化发展。内维尔（Neville，2011）认为城镇化发展对金融市场影响深远。丹（Dan，2013）认为城镇化进程中过度依赖土地金融不可持续，且会增加地方财政金融风险。部分学者研究指出，完善的城市金融体系可发挥金融资本集聚和配置功能、促进居民储蓄转化、扩展资金融通渠道，为推动城市化进程提供资金支持（Nahashi，2007）。

1.2.1.4 关于金融支持城市设施建设的研究

德马泰斯（Dematteis，1996）发现，欧洲各国的城镇化进程往往伴随着城市交通的发展，这是城镇化得以拓展的基础，而城市交通的发展需要大量的资金投入，城市金融系统则通过为城市交通发展提供资金，有效地促进了城镇化的发展。帕特里克（Patrick，1966）、寺西（Teranishi，1997）、金（Kim，1997）研究发现，满足城镇基础设施融资以及城市住房融资需求，能够加快推进城镇化建设进程。此外，研究表明金融体系对城镇水资源建设的支持助推了城镇化进程（Chang，2004），而开发性金融能支持城市基础设施建设、减轻财政预算赤字和促进城镇化发展（Chen，2010）。

肯普森（Kempson，1999）等研究发现金融排斥现象加深了部分农户的社会排斥状态，使得金融发展落后地区陷入资金外流和金融低水平建设的恶性循环，抑制了农村经济的繁荣，阻碍了城镇化进程的推进与区域协调发展。有学者测算城镇化程度、房地产监督管理措施、土地流转政策与金融业发展的相互作用，结果显示，金融发展对城镇化进程中土地的出让及开发有显著影响（Cho & Wu，2003；Cho，Wu & Boggess，2003）。

部分学者认为促进城镇化发展可通过改变金融支持产业的非均衡现状、解决中小企业金融难题以及开发基础设施金融模式等方式实现（Liu，2015）。斯托弗（Stopher，1993）论证了金融发展对铁路建设形成支撑，进而推动美国的城镇化进程。马顿（Marton，2002）通过中国东、中、西部地区的经济现状对比，结果显示金融因素是导致城镇化差异的主要原因。

1.2.2 国内研究现状

国内学者对城镇化进程中的金融支持研究起步较晚，但给予的关注多，研究成果比较丰富。国内学者研究成果主要集中于金融发展与城镇化相互关系、金融发展对城镇化进程支持的作用机理以及城镇化进程中的金融支持实证研究等。多数学者研究认为，新型城镇化离不开强大的金融支持，需要加快制度改革、完善金融体系及其他相关配套机制。

1.2.2.1 关于金融发展与城镇化关系的研究

汪小亚（2002）指出金融发展从基础设施和公共服务设施、中小企业发展以及人口素质提高三个层面对城镇化建设形成支撑。王建威、何国钦（2012）基于"协同创新"的理论视角，对财政金融创新特色及资金支持效率进行剖析，认为财政与金融支持机制是推动城镇化发展的重要手段。陈雨露（2013）指出应建立一个更加全面、有序、开放、竞争和统一的金融支持体系以满足城镇化建设的金融需求。熊湘辉、徐璋勇（2015）通过研究发现，金融发展能够促进新型城镇化进程，同时拉大区域城镇化差距。邵川、刘传哲（2016）等认为金融外部性与循环累积因果效应驱动城镇化发展。刘士义（2017）在分析城镇化建设前期、中期和后期三个阶段主要特征基础上，阐述了城镇化建设各阶段的金融支持作用。

此外，何国华、常鑫鑫（2011）以及张晓燕、冉光和、季健（2015）等对金融集聚、城镇化与产业结构升级之间的内在关系进行考察。寇琳琳（2014）与李宝礼、胡雪萍（2016）分别从人口城镇化和土地城镇化的金融支持角度进行了研究，结果显示，金融发展对人口城镇化和土地城镇化存在支持作用。

1.2.2.2 关于金融支持城镇化的区域差异研究

（1）关于东、中、西部三大区域金融支持城镇化的对比研究。

朱建华、周彦伶、刘卫柏（2010）发现中、西部地区经济发展水平不高，导致金融行业发展停滞。该研究提出应加强政府对市场的调节促进资源合理配置，创新农村金融对城镇化支持路径，实现城镇化经济的全面、可持续发展。韦福雷、胡彩梅、鞠耀绩（2013）通过实证研究发现金融资源配置效率在城镇化建设中存在显著的地区差异，东部地区城镇化金融支持效率并不比中、西部地区高。荣晨、崔喜、苏荣晨（2014）得出金融发展规模促进了东、中、西部地区城镇化进程，金融效率提升有助于推动东部地区的新型城镇化进程，金融结构对东、中部地区城镇化水平产生负向的影响。葛蓉（2015）从东、中、西部地区金融规模、金融结构和金融效率与新型城镇化的实证研究中发现，金融对新型城镇化的支持存在明显地区差异，金融对新型城镇化的支持需要挖掘政府和市场的各自优势，统筹兼顾政府与市场的关系，优化政府干预以及市场配置的组合。范兆媛、周少甫（2017）采用空间动态杜宾面板模型研究了 2004～2014 年 30 个省域金融支持对新型城镇化的影响。结果显示：金融支持规模显著提高了新型城镇化水平，对中、西部地区影响更大，但溢出效益不显著；金融支持效率对西部地区新型城镇化有显著促进作用；金融支持结构对西部地区新型城镇化有显著的正向直接影响与溢出效应。

（2）区域内各省市自治区金融支持城镇化的对比研究。

周宇骐（2013）通过研究发现，西南民族地区城镇化的金融支持力度较弱，大量的资本涌入东部地区，导致西南部不发达地区与东部地区城镇化差距拉大。周宗安、郭方（2016）选取 1978～2012 年金融和城镇化面板数据，利用面板数据影响模型和 PVAR 模型对中部地区 6 个省份城镇化进程中的金融支持进行实证研究。结果为：金融发展水平、规模和效率与中部地区 6 个省份城镇化水平呈明显的正相关关系，城镇化进程中的金融支持在中部地区存在地区差异。该研究提出保持金融发展规模稳步增长、加大金融支持力度、优化金融机构资源配置、提高金融支持效率、积极开发特色金融产品、提升金融精准支持等对策建议。唐未兵、唐谭岭（2017）通过对中部地区 6 个省份 2005～2014 年新型城镇化指标和金融指标的测度，运用耦合协调度模型和空间计量模型研究新型城镇化和金融支持之间的耦合作用。结果表明：中部地区 6 个省份金融支持中，各变量和新型城镇化综合指数的相关性及新型城镇化综合指数中主要指标和金融支持指数间的相关性均显著，其中城市建设资金占贷款比例和建设用地占比的积极影响最为明显。李文、庄亚明（2017）选取 2006～2014 年西部地区 11 个省份相关数据，运用时序全局主成分分析对新型城镇化发展水平进行综合测度；

然后运用面板数据模型，实证分析金融对西部各省份支持力度。实证结果显示，西部地区各省份新型城镇化发展水平普遍较低，金融对新型城镇化建设支持力度不足。最后根据实证结果，金融体系应从规模、效率和结构三方面，对新型城镇化建设的三大重点领域——城镇基础设施建设、农业产业化和农民"市民化"予以全力支持。

（3）省级单位内部各地区金融支持城镇化的对比研究。

王显晖、汪洋（2015）利用山东省 17 个地级市 2006～2011 年数据，采用因子分析法对新型城镇化建设进行综合评价，进而以因子得分为因变量，以银行存贷款占 GDP 比重、存款转化率和保险行业发展等指标为自变量，利用面板数据模型对金融支持新型城镇化建设做出实证研究，结果表明信贷规模扩张、金融效率改善以及保险保障提升均对新型城镇化建设形成强有力的支撑作用。张肃、许慧（2015）利用吉林省 2005～2013 年金融发展数据，从产业结构和农村城镇化角度分析了金融发展对新型城镇化的支持现状及存在的问题，进而给出相关对策建议。谢守红、王平、甘晨（2016）以浙江省 11 个地级市为例，从金融规模、金融中介机构发展指数、金融效率三个方面，利用空间计量模型分析其对新型城镇化的影响和作用。实证结果表明：金融发展对浙江省 11 个地级市新型城镇化具有显著的正向促进作用。李春宇（2017）以黑龙江省新型城镇化建设为研究对象，构建了黑龙江省新型城镇化发展水平评价指标体系，并利用因子分析方法对 2007～2014 年黑龙江省新型城镇化发展水平进行综合测度，结果表明：黑龙江省 13 个市（区）的新型城镇化发展水平不均衡，城镇化水平相差较大。随后利用面板数据模型实证检验了 2007～2014 年金融支持对黑龙江省新型城镇化建设的影响。研究发现，金融发展规模、金融发展效率有助于推动黑龙江省的城镇化建设，最后提出促进金融支持进一步推动新型城镇化建设的对策建议。李文（2017）以 2009～2015 年甘肃省 14 个地州市面板数据构建新型城镇化与金融支持的面板数据模型，实证分析结果表明甘肃省新型城镇化建设金融支持力度不足，认为政府财政支持作用有待加强。

1.2.2.3　关于金融支持城镇化实证分析的研究

根据实证研究采用的方法不同，可将我国学者对城镇化进程中的金融支持实证研究分为：时间序列分析法、因果关系检验法和面板数据模型等。

（1）时间序列分析法。张宗益、许丽英（2006）采用1952～2003年的时间序列数据，运用带控制变量的 VAR 模型对我国金融支持与城镇化的关系进行了研究，发现金融支持加快了城镇化的发展，城镇化发展反过来又会促进金融发展的深化，而城镇化滞后则会制约金融的进一步发展。李新光、胡日东、张彧泽（2015）等实证证明金融发展对城镇化支持效应并非单纯的线性关系，会依产业结构优化水平、土地财政发展差异而不同。罗琼（2016）运用1998～2012年中国城镇化发展数据和中国金融发展数据，建立 VAR 模型实证研究政策性金融与商业性金融对新型城镇化环境、经济和社会等方面的影响及其差异。结果显示：金融支持与新型城镇化之间存在稳定的长期协整关系；政策性金融更有利于新型城镇化的社会水平发展，而商业性金融更有利于推动经济发展水平。

（2）因果关系检验法。孙浦阳、武力超（2011）认为，金融发展水平和自由度的提高有助于城市化进程的加快。黄勇、谢朝华（2008）发现，我国银行贷款对城镇化建设具有重要的支持效应，二者之间存在显著的因果关系。赵峥（2012）实证研究发现我国金融发展和城镇化存在长期均衡关系。贾洪文（2013）基于我国1991～2011年的城镇化率、金融机构统计数据，通过协整检验、因果检验及脉冲响应分析，证明金融发展与城镇化存在互动关系。

（3）面板数据模型。杨慧、倪鹏飞（2015）基于1994～2012年金融发展与城镇化的相关数据，利用协调度评价模型定量考察了两者协调发展状况。得出金融发展与城镇化进程协调发展状况正在好转，但金融支持规模不足、支持结构不合理、支持效率不高等问题依旧存在。韦福雷、胡彩梅、鞠耀绩（2013）选取2007～2011年我国31个省份的面板数据，对城镇化进程中金融支持效率及影响因素进行实证研究。发现多数省份城镇化金融支持综合效率总体呈上升趋势，但金融资源规模效率偏低，导致在城镇化建设中没有实现最优配置。城镇化建设的金融资源配置效率存在显著的地区差异，东部地区城镇化金融支持效率并不比中、西部地区高。熊湘辉、徐璋勇（2015）测度了我国2004～2013年31个省份金融因素对新型城镇化建设的影响，其结果是金融支持是影响新型城镇化水平的重要因素。李清政、刘绪柞（2015）分别进行了全国层面 VAR 模型与省际面板实证分析，指出当前金融支持与城镇化建设还未能有机结合，金融对于城镇化建设的支持仍处于分散、自发状态，缺乏制度性安排设计，认为应加强两者的协同发展，实现良性耦合、同步演进。王丛（2017）基于 2004～2016 年省际面板数据，采用系统 GMM 估计方法验证了金融发展对于城镇化进程的影响效应以及这种效应的区域差异性。实证结果表明：金融发展通过资金支持转化、缩小城乡差距以及周边带动辐射等途径能够持续推动城镇化建设；金融发展对不同地区的城镇化影响效应存在显著性差异。

1.2.2.4 关于城镇化进程金融支持的对策研究

（1）财政、税收研究视角。陈元（2010）和张云（2014）提出，金融支持城镇化的关键在于优化金融市场，金融创新工具以及市政债、公私合营、房产税等都是解决基础设施融资的潜在方式。孙红玲（2013）、孙健夫（2013）和张景华（2013）认为新型城镇化的推进，应该系统考虑财政的可持续发展，需要建立与新型城镇化相匹配的新型税收发展方式。

（2）农村城镇化推进视角。李勇（2013）通过总结天津市开发性金融的发展经验，认为强化开发性金融的开发性功能、引导性功能、补充性功能能有效破解"三农"，促进新型城镇化建设。黄国平（2013）认为城镇化过程中的基础设施建设、公共产品（服务）供给、农村劳动力转移等都需要大量资金的支持，金融部门在推动城镇化建设中应以推动工业化和农业现代化为载体，促进城镇基础设施完善、公共服务体系品质提升、产业结构升级和居民生活水平提高。李舟（2014）系统阐述了我国农村城镇化建设中金融支持存在的问题、原因及对策。丁汝俊（2014）等认为大力发展微型金融、规范民间金融秩序、矫正农村金融机构服务功能对推动中国城镇化发展具有重要作用。王振坡、游斌、王丽艳（2014）从人口、产业和空间三个层面分析新型城镇化的金融需求，探索金融业如何通过提供金融支持提升新型城镇化的效率，从而促进新型城镇化发展的路径。

（3）商业性金融和政策性金融发展视角。袁晓初（2013）指出金融支持新型城镇化建设面临四个矛盾：一是金融机构商业性与城镇化建设公益性并存的矛盾；二是金融机构市场定位与城镇化发展战略并存的矛盾；三是金融产品同质化与城镇化建设多元化并存的矛盾；四是金融网点分布面窄与新型城镇化建设面宽并存的矛盾。应尽快采取有效措施构建与新型城镇化建设相适应的多元融资体系。李建华（2014）对金融支持城镇化的作用机理进行了系统阐述，认为推进我国新型城镇化进程应从政策扶持、金融体系、服务范围、金融产品、机构协同发展等角度构建健康有序的金融服务体系。贾康、孙洁（2014）认为，鉴于城镇化投融资需求巨大，只有创造足够的资金供给才能满足需要，特别是在我国城镇化正处于"纳瑟姆曲线"快速发展阶段，仅靠政府财政投入远远不够，需要构建多层次、多样化、市场化的投融资机制，以及政府、企业、个人多主体共同参与的成本分担机制。罗云开（2015）指出我国政策性银行应主要经营政策性业务而不是商业性业务；政策性金融主要是支持收益性较低、公益性较高的基础设施和公共服务项目；各家政策性银行应当主要在各自的业务领域发挥作用。胡朝举（2017）认为需充分利用财政支持及政府融资、政策性金融、土地出让＋地方政府平台、PPP、产业新城等融资模式并创新其金融工具，以实现城镇化融资多元发展。

1.2.3　国内外研究述评

总体上看，国外关于金融发展与经济增长、产业升级和城镇化的相关关系的研究较早，形成了比较成熟的理论体系，研究内容涉猎广泛，研究角度多元；关于金融发展对城镇化的支持作用主要从金融促进产业结构升级、基础设施建设和公共服务提供角度展开。国内关于金融发展与城镇化进程关系的研究起步较晚，且偏重于实证研究，主要集中于金融发展与城镇化进程的关系、商业性金融发展和政策性金融发展对城镇化的促进作用以及金融发展对不同区域城镇化进程的影响差异等领域。

国内外学者关于金融发展对城镇化进程促进作用的观点可归纳为：一是总体上认可金融发展对城镇化进程具有一定的促进作用；二是金融规模、效率和结构等金融发展的不同领域对城镇化进程的促进作用表现存在差异；三是金融发展对城镇化进程的促进作用存在一定的地区差异。

综上所述，金融发展在城镇化进程中的作用得到了国内外学者的广泛关注，研究成果较为丰富，但在模型选择、数据选取、验证方法方面还需进一步商榷改进，得出的结论差异性也较大，对金融发展与城镇化进程间的作用关系仍存有很大争议。

1.3 研究内容及技术路线

1.3.1 研究内容

本研究将定性分析与定量研究相结合，结合我国东、中、西部地区金融发展和城镇化发展的演化和数据资料，以计量经济分析方法、统计分析方法和理论分析方法分析东、中、西部地区金融发展对城镇化进程的作用机制和具体路径，实证和检验东、中、西部地区金融发展对人口城镇化、产业城镇化和空间城镇化的支持作用，在此基础上分析金融支持对城镇化建设的区域差异，进而提出促进东、中、西部地区金融发展以推动城镇化进程的政策建议。主要研究内容如下：

（1）揭示金融支持城镇化建设的作用机理，构建城镇化进程中金融支持的理论框架。在大量查阅文献基础上，梳理金融支持城镇化建设的基本理论，包括有关金融发展、城镇化发展的基础理论，明晰金融发展推动城镇化进程的作用机理；与此同时，广泛收集不同类型国家和地区金融支持城镇化建设的实践模式，从中归纳典型国家金融支持城镇化建设的成功经验。本部分研究内容为我国东、中、西部地区金融支持城镇化建设对策制定提供理论和实践支撑。

（2）东、中、西部地区金融发展和城镇化进程演化特征及其存在问题分析。首先，分别从银行业、保险业和证券业等三个领域对我国东、中、西部地区金融发展演变做全面、系统阐述，比较、评价东、中、西部地区金融规模、金融结构及其存在问题；其次，分别从人口城镇化、产业城镇化和空间城镇化三个层面，梳理东、中、西部地区城镇化建设的演变历程，对比分析三大区域及其内部各省市自治区城镇化进程差异。东、中、西部地区金融发展和城镇化演化历程对比分析，使全面了解东、中、西部地区金融发展、城镇化进程演变及其呈现的区域差异成为可能，也为金融发展推动城镇化进程的实证研究提供数据支撑。

（3）我国东、中、西部地区金融支持城镇化建设的实证研究。基于我国 31 个省份 2005～2015 年的面板数据对金融发展与产业城镇化、人口城镇化和空间城镇化进程的关系进行定量研究，采用单位根检验、协整分析等方法，运用面板数据模型定量考证金融发展对城镇化进程中人口－产业－空间等不同维度的影响，深入而具体地探析金融发展对城镇化进程的影响机理、路径和结果。本部分研究内容主要回答两个问题：第一，商业性金融发展、政策性金融及其各构成要素如何影响三大区域产业城镇化、人口城镇化和空间城镇化进程；第二，城镇化建设的人口－产业－空间三个维度相互关系。

（4）探寻金融支持城镇建设的对策措施。基于前述作用机理分析、演化特征归纳和实证结果考证，在借鉴国外成功经验基础上，结合我国东、中、西部地区金融发展和城镇化建设实际，因地制宜制定我国东、中、西部地区金融支持城镇化建设的对策和建议。

1.3.2　研究方法

本研究的分析将运用到定性分析与定量分析相结合、理论与实践相结合、归纳与演绎分析相结合、历史与比较分析相结合等多种研究方法，具体运用详述如下。

第一，定性分析与定量分析相结合的方法。对金融支持城镇化建设的文献综述以及金融发展和城镇化模式基本理论等内容的分析，主要采取定性分析方法。对东、中、西部地区金融发展、城镇化进程演化拟采用时间序列数据进行定量分析；对金融支持人口城镇化、产业城镇化和空间城镇化的实证研究，拟运用面板数据模型、单位根检验、协整检验和豪斯曼（Hausman）检验等计量经济学方法，通过 Eviews 8.0 等统计分析软件进行定量分析。

第二，理论与实践相结合的方法。本研究梳理了金融发展和城镇化模式的相关理论，阐述了金融支持新型城镇化建设的作用机理，在此基础上构建我国东、中、西部地区金融支持城镇化建设的理论框架。理论研究的结果需要由实证分析来证实。通过国家统计局网站、《中国金融年鉴》、CNKI 中国经济社会发展统计数据库及各地统计年鉴等收集数据，运用面板数据模型等计量经济分析手段，以我国东、中、西部地区 2005～2015 年

31 个省份的相关数据为基础（不包含我国港澳台地区），实证检验金融支持新型城镇化建设的区域差异。本研究并不是局限于现有的相关理论，而是立足于我国东、中、西部区域金融发展与城镇化进程的现实，基于大量统计数据进行深度挖掘和系统研究，力争达到理论分析与实证研究有机结合的目的。

第三，归纳与演绎分析相结合的方法。归纳法和演绎法是两种重要的逻辑分析方法，二者思路相反又相辅相成。归纳法是从分论点或个别事实出发，概括普适性知识、提炼共有特性；演绎法是从一般性事理或结论出发，根据某些逻辑规则推导出特殊性结论。前述涉及的实证分析即为归纳与演绎分析的有机结合。本研究在分析金融发展及城镇化模式相关理论和实践中，侧重采用归纳分析方法，而在对我国东、中、西部地区金融支持产业城镇化、人口城镇化和空间城镇化进行解释时，偏重运用演绎分析法。

第四，历史与比较分析相结合的方法。对金融支持城镇化建设的国内外研究现状，以及我国东、中、西部地区金融发展和城镇化发展演化历程采用了历史分析方法；对国外金融支持城镇化建设模式，以及我国东、中、西部地区金融发展与城镇化进程差异以及金融支持城镇化建设的区域差异主要采用比较分析方法。

此外，在研究过程中还采用了文献研究法等方法。

1.3.3 技术路线

本研究在吸收国内外相关文献研究的基础上，以现代金融发展理论和城镇化发展为基础，将计量经济方法作为研究工具，针对我国金融发展与城镇化建设之间的关系，运用面板数据模型进行实证研究，探寻金融支持城镇化进程不同维度的区域差异，最后对东、中、西部地区因地制宜地制定金融发展策略和城镇化建设路径提出对策建议。本研究致力于丰富、完善金融发展与城镇化进程影响的相关理论，为政府部门合理调控我国金融发展与城镇化建设良性互动提供有力的科学依据。图 1.1 给出了本研究的技术路线，从图中可以看出：本研究遵循"提出问题—分析问题—解决问题"的研究思路。

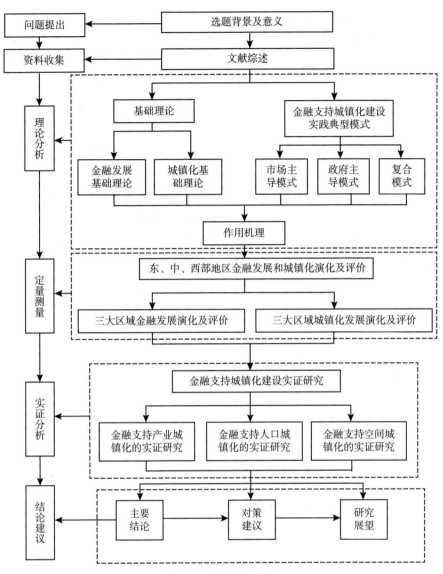

图 1.1 研究技术路线

1.4 可能的创新

本研究充分吸收国内外学者前期研究成果，在此基础上进行补充和完善，主要创新和特色详述如下：

（1）理论分析创新。如前所述，现有研究成果中，金融发展理论、城镇化理论等较为丰富和成熟，而金融支持新型城镇建设相关理论相对不足。首先，本研究结合国内外金融支持城镇化建设的典型实践模式，从理论层面探索了金融支持新型城镇化发展的内在机理。其次，传统研究往往将城镇化中人口、产业和空间等子要素通过构建指标体系方式，融合为一个反映城镇化发展水平的综合评价指标；然而，金融发展对新型城镇化中人口、产业和空间三个维度作用机理迥异，本研究将金融和城镇化两个系统间的关系与两个系统内部的相互作用同时分析，在理论分析层面进行改进和创新。

（2）研究视角创新。现有研究中，往往从全国层面分析金融发展对城镇化进程的支持作用，将全国视为一个整体加以研究。然而，我国地域广袤，"胡焕庸线"从地理学和人口学角度将我国分为东南板块和西北板块；改革开放以来，在"允许一部分人先富起来"政策指导下，我国区域"不平衡不充分发展"的特征愈发明显。因此，东、中、西部地区金融发展和城镇化进程存在明显差异。本研究基于地区发展差异将研究区域分为东部地区、中部地区和西部地区；基于作用机理不同，将金融分为商业性金融和政策性金融，城镇划分为人口城镇化、产业城镇化和空间城镇化，是对现有研究视角的拓展。

（3）研究思路和方法创新。现有研究多将金融系统与城镇化系统割裂开来，本研究在定量分析金融发展对城镇化进程支持作用时，将城镇化中的某一个维度纳入考察，并在对策建议中将金融发展政策制定和城镇化体系构建相结合，认为提升金融发展对城镇化建设有支持作用，两者并行不悖、缺一不可。在考察金融发展对城镇化不同维度的影响时，基于作用机理差异，有针对性地选择解释变量和控制变量。可见，本研究在研究方法上进行了改进和创新。

|第2章|
金融发展与新型城镇化基础理论

本章对城镇化及金融发展的理论进行深入研究和评价，为后续研究我国金融发展对城镇化的影响提供理论基础和分析依据。

2.1　金融发展理论

本节对金融发展理论中的金融结构论、金融深化–金融抑制论、金融约束论和金融功能论进行阐述，以期为探索金融支持城镇化建设的作用机制奠定理论基础。

2.1.1　金融结构论

1969 年，美国著名经济学家、耶鲁大学教授戈德史密斯（Goldsmith）在其专著《金融结构与金融发展》一书中指出：金融理论的作用在于找出决定一个国家金融工具、金融结构和金融交易的主因，并解释其促进金融发展的作用机制。

基于 35 个国家百余年的金融史料与数据对比分析，戈德史密斯首次提出了一国金融结构与发展水平存量和流量的衡量指标。通过定量分析证明了尽管各国金融的发展起点和速度大相径庭，但金融结构的演化存在一定的规律性，只有一条主要的金融发展路径，只有战争或通胀方可使其发生偏离。一国的金融结构由该国各类金融工具和金融机构的存在、性质及相对规模决定，金融结构演化是金融发展的具体体现。对一国金融结构的分析，可以衡量及预测其金融发展水平和趋势。

戈德史密斯的主要贡献在于：第一，首次对各国金融发展差异加以定量和比较分析，为金融发展研究确立了框架和指标体系；第二，揭示了金融深化的内在路径和规律。与此同时，金融结构理论也存在诸多不足：第一，戈德史密斯将其定义的特殊金融结构当作一般的金融结构，有以偏概全之嫌；第二，将金融发展局限于金融结构的变迁，强调金融发展量的增加而忽视了其质的发展。

2.1.2　金融深化－金融抑制论

1973 年，麦金农（Mckinnon，1973）和肖（Shaw，1973）分别独立发表了各自专著《经济发展中的货币和资本》和《经济发展中的金融深化》。麦金农和肖在对发展中国家的金融问题进行研究时，分别从金融抑制和金融深化两个角度，探讨和阐述金融发展与经济发展的相互关系。金融抑制指的是发展中国家采取使金融价格发生扭曲的利率、汇率等金融政策和金融工具来抑制金融发展，如人为地降低实际利率、主导信贷分配稀缺资金、提高法定准备金实现资本管制等（王勋和 Johansson，2013）。金融深化是指减少金融发展的人为干预，发挥金融机构的中介作用，通过市场机制吸收储蓄和配置资金，形成金融与经济的相互良性关系，提高资源配置和经济发展的效率（陈德球、魏刚、肖泽忠，2013）。

肖和麦金农认为，只有消除发展中国家普遍存在的金融抑制现象，实行金融自由化或推动金融深化发展，方可有效抑制通货膨胀，实现金融与经济良性循环。具体做法是：政府放弃对金融市场和金融体系的过度干预，放松利率和汇率控制，使利率和汇率及时准确反映资金和外汇供求的变化。此外，麦金农和肖指出：相对于外国资金，发展中国家通过动员国内储蓄以促进经济增长显得更为重要。金融抑制会延缓货币积累，只有在放松管制基础上提高利率水平，方可扩大储蓄和投资规模，促进经济增长。

金融深化 - 金融抑制理论基于发展中国家特定经济和金融属性，论证了金融发展与经济增长相互制约、互相促进的辩证关系，克服了一般货币金融理论的狭隘视角，弥补了此前经济增长理论忽视货币和金融的不足，是现代意义上的金融发展理论。金融深化 - 金融抑制理论深刻影响了 20 世纪 70 年代发展中国家的金融改革实践，然而，该理论也存在过分强调金融发展对经济增长的促进作用以及过分强调自力更生而忽视外资引进对经济增长的影响等不足。

2.1.3　金融约束论

过度的金融自由化曾给存在严重信息不对称的发展中国家带来较大风险，其金融深化结果令人失望。1997 年，在总结韩国、日本等东亚经济体金融发展与经济增长基础上，赫尔曼、穆尔多克和斯蒂格利茨（Hellmann，Murdock & Stiglitz，1997）提出金融约束理论，对以往经济发展理论的结论和缺陷进行反思和检讨。

赫尔曼等人认为金融约束是指政府通过一系列金融政策在民间部门创造租金机会，而非直接向民间部门提供补贴，采取间接控制机制对金融市场实施监管以达到既防止金融压抑的危害，又可为银行体系创造条件开拓市场进行储蓄动员，从而促进金融深化。他们认为政府可在控制存贷款利率、限制市场准入以及管制直接竞争等方面发挥积极作用，以影响生产部门和金融部门间的租金分配，并通过租金机会的创造，调动金融企业、生产企业和居民等各个部门的生产、投资和储蓄的积极性。

金融约束理论认为金融约束是必要的，强调政府干预金融的积极作用，是对金融深化理论的有益补充。同时，该理论存在以下局限：第一，实际操作过程中，政府对经济和金融的干预边界难以确定，可能存在过度干预；第二，政府限制竞争的举措可能造成金融机构和金融市场的低效率，不利于金融中介作用发挥，进而抑制金融创新。

2.1.4　金融功能论

20 世纪 90 年代初，以金和莱文（King & Levine，1993）为代表的经济学家针对传统金融理论狭隘的金融自由化缺陷，主张全面分析经济增长与金融发展的相互关系。其后，莱文（Levine，1997）提出了金融功能论，他将金融的基本功能分为流动性创造、资源配置、投资信息获取、监督经理人、促进公司治理以及便利风险的交易、规避、分散、聚集等。金和莱文等学者认为，金融机构无论在时序上或是空间上均存在组织结构和运行模式的差异，而金融功能则相对稳定，对促进金融体系的稳定性及效率具有重要作用，因此，金融功能优于金融机构。

金融功能理论强调金融体系的基本功能是为经济发展服务的，释放金融职能以促进经济增长是金融发展的根本意义所在。金融发展与经济增长存在因果关系，金融体系规模扩张和功能完善有助于促进资本形成、全要素生产力提高和经济增长。金融功能论建立在现代信用经济的发展基础上，因而更具有现实指导意义。

金融结构论、金融深化－抑制论、金融约束论和金融功能论分别从不同视角研究金融发展对经济增长的影响，虽各有缺陷与不足，但在当时均具有重要的现实意义。

2.2　城镇化发展理论

2.2.1　城镇化基础理论

2.2.1.1　城镇化阶段发展理论

1975 年，美国城市地理学家诺瑟姆提出了"诺瑟姆曲线"（Northam，1975），认为城市发展过程可看作一条被拉长的 S 形曲线（如图 2.1 所示）。据此，诺瑟姆将城镇化发展历程划分为三个阶段：初期阶段，城镇化率居于30% 以下水平，城镇化速度较为缓慢；中期阶段，城镇化率介于 30% ~ 70%水平，城镇化进程加速推进；后期阶段，城镇化率超过 70%，城镇化开始步入成熟期。

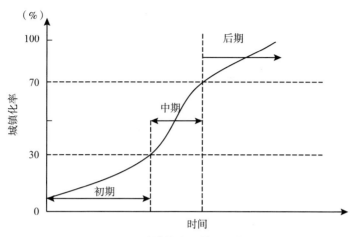

图 2.1 城镇化发展的 S 形曲线

城镇化发展初期阶段特征主要包括：第一，人口分布层面。农村人口占据主体地位，城镇人口比重低。第二，产业层面。本阶段农业在国民经济三次产业中比重大，农业生产水平较低；工业发展处于初级阶段，主要由资源型或加工型工业构成；第三产业则以农产品及日用品商贸流通业为主。第三，城镇空间规模层面。本阶段城镇规模小、功能单一，城镇发展相对独立，城镇间的横向联系较弱。

城镇化发展中期阶段特征主要包括：第一，人口分布层面。城乡人口分布产生逆转，随着工业化进程的不断推进，农村剩余劳动力逐渐向城镇加速流动，农业人口逐年下降，城镇人口比重大幅上升。第二，产业层面。工业化进程带动了农业生产效率提升，农业增加值比重快速下降，工业发展规模不断扩大，在三次产业中占据主导地位；科技进步促使工业生产效率提升，带动产业结构加速调整；伴随社会经济发展水平提升，以服务业为主的第三产业得到空前发展，成为吸纳农村转移人口的主力，经济发展开始进入工业化后期阶段。第三，城镇空间布局层面。本阶段大量农村人口涌入城镇，推动城镇规模加速扩张；人口流动增加和产业分工细化，使得城镇间联系逐渐紧密，城镇体系初具雏形。

城镇化发展后期阶段的特征主要包括：第一，人口分布层面。本阶段城镇人口比重增速逐渐趋向平稳，农村人口占比较低，城乡间的人口流动逐渐减少，人口流动主要发生在不同城镇以及城镇内部第二、第三产业之间。第二，产业结构层面。农业在三次产业中的占比维持低位，第二产业增加值占比下降，以现代服务业为主体的第三产业占比大幅上升；农业生产效率大幅提升，现代化程度急速提高，农业就业人口继续减少；工业现代化进入后半期，先进制造业成为第二产业的重要组成部分；传统服务业向现代服务业转型，环保、健康产业以及生产性服务业等迅猛发展。第三，城镇空间布局层面。基础设施不断完善促使城镇间联系更加紧密，社会分工体系由产业分工向城镇功能联动发展转变，城市群、都市圈和大城市带等城乡一体化空间体系逐渐成熟，城镇化速度逐渐放缓。

2.2.1.2　人口城镇化理论

人口城镇化是城镇化的核心和本质，突出表现为农村剩余劳动力由农村向城镇转移，并最终融入城镇，成为城镇居民，享有城镇居民的一切权利。可见，真正意义上的人口城镇化包括两个层次的转化：第一层次是农村人口由农村流向城镇的空间转移，实现城镇人口"量"的增长；第二层次是农村转移人口的市民化，流入城镇的农村人口完成身份转换，实现"质"的变化。

当前，人口城镇化理论主要集中于发展中国家二元经济结构及其人口转型，通过深入研究城乡人口流动的影响因素和动力机制，探寻农村与城镇间人口流动的规律。现阶段，人口城镇化理论主要有刘易斯（Lewis）的二元经济理论、拉尼斯－费（Rains-Fei）和托达罗（Todaro）的劳动力转移理论。

（1）二元经济转化为刘易斯拐点。

刘易斯是第一位提出人口流动理论的经济学家。1954年，在他的两部门理论基础上，刘易斯解释了发展中国家的城镇化动力（Lewis, 1954）。他认为，发展中国家通常存在着二元经济结构，即国民经济包含两个不同性质的部门：一种是采用传统生产方式、劳动生产率极低的非资本主义部门，以农村经济或农业部门为代表；另一种是采用现代生产方式、生产效率和工资水平较高的资本主义部门，以城市经济或工业部门为代表。经济发展取决于现代工业部门的扩大，而农业部门为扩大工业部门提供劳动力资源。现代工业部门能够在当前工资水平下获得无限劳动供给，其劳动力供给具有完全弹性。农业部门的劳动力外流不会降低农业产出水平，但会增加边际值和平均值。农村人口向城镇转移的主要目的在于实现就业以提高收入水平。城镇劳动力资源供应的增加会拉低城镇总体收入水平，有效缩小城乡收入差距，导致农业人口转移停止。

刘易斯模型非常理想，但因存在信息不对称，人口城镇化进程中的农村劳动力转移过程不会突然终止。1972 年，刘易斯发表《对无限劳动力的反思》一文（Lewis，1972），提出著名的两个转折点论述。二元经济由第一阶段发展到第二阶段，劳动力从无限供给变为短缺，工业部门工资开始上升，"刘易斯第一拐点"开始到来。此后，工业化发展进一步推动农业现代化发展，农业生产率逐步提升，农村剩余劳动力增加，工业部门的迅速发展足以超过人口的增长，该部门工资最终将上升。当两部门边际劳动产出相等、工资水平相近时，劳动力市场实现城乡一体化，"刘易斯第二拐点"开始到来。

（2）劳动转移理论。

劳动力转移理论的集大成者分别为拉尼斯和费景汉以及托达罗等美国经济学家。

1961 年，美国经济学家拉尼斯和费景汉提出劳动力转移的拉尼斯－费模型（Ranis & Fei，1961）。拉尼斯－费理论基本继承了刘易斯理论的观点，认为发展中国家农业部门存在着大量剩余劳动力，并分析了农村人口转移的原因。拉尼斯和费景汉认为刘易斯理论存在两个缺陷：其一，对农业在促进工业增长中的作用没有足够重视；其二，未注意到农业生产率的提高是农村剩余劳动力向工业部门转移的必要条件。该理论假设在农村剩余劳动力全部转移之前，农业劳动力的工资水平保持不变，且等于平均产品。在剩余农业劳动力存在的情况下，农业劳动者的收入是由制度决定而非市场决定。提高农业劳动生产率是工业部门扩张和农村剩余劳动力转移的前提。此外，农村剩余劳动力转移的实现，有赖于农业劳动生产率与工业劳动生产率的平衡增长，确保工农业贸易条件不变。

拉尼斯和费景汉将农村劳动力流动过程划分为三个阶段：第一阶段，边际产出为零的那部分劳动力流出；第二个阶段，边际产出大于零但小于不变制度工资的那部分劳动力转出；第三个阶段，边际产出价值大于不变制度工资的那部分劳动力转移。对照刘易斯两个转折点论述，拉尼斯－费模型中从第一阶段转化到第二阶段的过渡点即为"刘易斯第一拐点"，该模型中从第二阶段转化到第三阶段的过渡点即为"刘易斯第二拐点"。

托达罗（Todaro，1969）弥补了刘易斯理论忽视和否定城市失业问题的先天不足，并对拉尼斯－费理论进行了补充和完善。托达罗认为农村劳动力转移的动力更多来自潜在收入的预期差异而非现实收入的差异。劳动力转移速度受两个因素制约：其一为农产品的剩余程度；其二为现代部门的技术进步。此外，多数发展中国家的国家发展制度往往成为人口迁移的制度性障碍。

2.2.1.3 空间城镇化理论

空间城镇化是城市空间的扩张（李秋颖等，2015），是人口和产业在空间集聚并创造空间价值的过程。人口与工业集聚是城镇的基本特征，也是城镇生存和发展的最大优势，更是创造城镇空间价值的有效路径。空间城镇化创造的空间价值体现在两个方面，其一是人口和产业集聚带来的经济效益，其二是空间集聚效应带来的生产、生活和交易等成本的节约。前者源于人口、产业集聚产生的人口、产业间激烈竞争，这种竞争推动新技术、新产品的不断创新，最终实现空间经济效益提升；后者源于人口、产业集聚带来的规模经济效应，如交通便捷、流通加速和时间节约等。

空间城镇化理论主要基于空间视角分析和研究城镇化问题，认为空间城镇化即是在一定区域内各种要素由分散到集中的动态演化过程。空间城镇化理论主要包括区位理论、增长极理论、核心－外围理论、城市群理论等。

（1）区位理论。

区位理论是研究人类活动的空间分布及其相互关系的学说，是对人类经济行为的空间区位选择和空间区域经济活动最优组合的研究。19 世纪以来，部分德国学者开始以区位视角研究空间城镇化问题，形成农业区位论、工业区位论和中心地理论等空间城镇化理论。

第一，农业区位论。1826 年，著名的德国古典经济学家杜能在其专著《孤立国》中首次提出农业区位理论（杜能，2004）。在杜能的"孤立国"中只有一个位居中心的城市，其余均为农村和农业土地。农村仅与该城市发生联系，即城市是"孤立国"中唯一的农产品销售市场，而农村则依赖于城市供给工业品。根据区位经济分析和地租理论，杜能划分了六个以城市为中心的农业区，围绕城市呈同心圆状分布，即著名的"杜能圈"（如图 2.2 所示）。

第二，工业区位论。工业区位论的奠基人是德国经济学家阿尔弗雷德·韦伯。工业区位论的核心在于对运输、劳力及集聚因素相互作用的分析，找出工业产品生产成本最低点，作为工业企业布置的理想区位（韦伯，1997）。

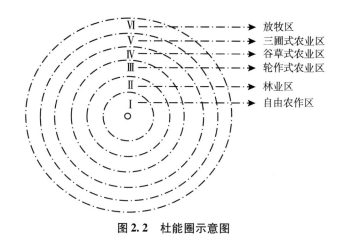

图 2.2　杜能圈示意图

　　第三，中心地理论。1933 年，德国著名地理学家克里斯塔勒在其出版的
《德国南部的中心地》一书中，提出了"中心地理论"（克里斯塔勒，1998）。
中心地理论基于市场原则、交通原则和行政原则构建中心地等级结构体系，
其中，市场原则是理论基础，交通、行政原则是市场原则的延伸（如图 2.3
所示）。

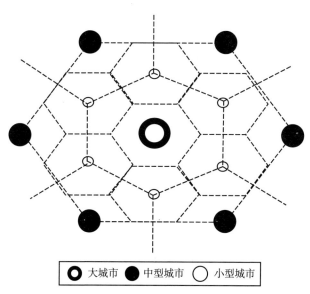

图 2.3　克里斯塔勒"中心地理论"示意图

克里斯塔勒城市中心地等级结构体系具有三个特征：一是中心地具有等级性，中心地的等级由中心地所提供的商品和服务的级别所决定；二是中心地依据一定的规则分布，每个高级中心地都附属几个中级中心地和更多的低级中心地，形成中心地体系；三是各等级间的中心地数量、距离和市场区域面积呈几何数变化，越高等级中心地数量越少，相距距离越大，服务的市场区域面积更大。

中心地理论将区位论从生产扩展至市场，局部扩展至全局，由单纯扩展至综合，为以后具体解决计划、规划问题的动态地域平衡模式的形成奠定基础（李廉水、斯托，2006）。

此外，同心圆地带理论、扇形理论、多核心理论和中心商务区土地利用模式等城市利用结构理论，也为完善和论证空间区位对城镇化的影响打下了坚实的基础。

（2）增长极理论。增长极理论由法国经济学家佩鲁（1950）首次提出，他突破了均衡经济增长假说，认为经济增长是跨部门不平衡的，经济空间建立在抽象的数字空间之上，经济单位不是存在于地理上的某一区位，而是产业之间的数学关系，体现在经济要素之间的经济关系中。现实中，要素通过偶然和必然因素聚集在特定部门或区域，促进了极地经济的快速增长（极化效应），进而辐射到其他部门或地区（涓滴效应）。增长极的比较优势使得整个区域内的所有优质要素向增长极聚集，进一步拉大经济发展差距。

此后，瑞典经济学家缪尔达尔（1957）进一步完善了佩鲁的增长极理论。缪尔达尔认为区域经济不平衡并非必然，只是在经济发展过程中，某些区域经济发展受偶然因素影响超过了其他区域，在"累积因果循环"效应作用下，这种差异不断扩大而形成地理上的"二元经济结构"。1958年，美国经济学家赫希曼提出了类似缪尔达尔的理论，但他认为长期来看涓流效应最终会占上风，经济增长会实现区域均衡（赫希曼，1991）。法国经济学家布代维尔（1966）则将增长极理论引入区域经济理论中，主张通过最有效地规划配置增长极并通过其推进工业的机制，来促进区域经济的发展。

（3）核心 - 边缘理论。弗里德曼长期研究发展中国家的空间发展规划，他的核心 - 边缘理论（又称核心 - 外围理论），成为发展中国家空间经济研究的主要分析工具（Friedman，1966）。弗里德曼在缪尔达尔的理论基础上，引入熊彼特的创新理论用来研究城市规划问题。弗里德曼认为发展可以看作是一个从基础创新群到大规模创新体系的非连续积累过程，而大城市系统更有利于创新活动的开展。他认为区域内存在着"核心区"与"边缘区"，核心区与外围区共同组成完整的空间系统。其中，核心区在政治、经济、文化等方面均处于主导地位，而边缘区则从属于核心区。城市空间差异产生不仅在于资源集聚，更重要的是创新能力差异。核心区具有强大的创新能力，并逐渐将这种创新向边缘区扩散，最终形成区域一体化格局。

（4）大都市圈理论（亦称城市群理论）。1957 年，法国城市学家戈特曼通过对美国东北沿海大都市区的研究，发现了由连绵都市区发展形成的大都市带（Gottmann，1957），并借用希腊语"megalopolis"命名这种巨大的城市空间形态。大都市圈理论指出，在一定地理或行政区域内，由 1~2 个大城市或特大城市为核心，辐射并带动周边一定范围内的一批中小城市，使其成为在世界范围内有一定影响力、竞争力的区域城市群或城市带。弗里德曼（1964，1973）在罗斯托（Rostow）发展阶段理论基础上，将区域城市群的形成发展划分为四个阶段：工业化前结构时期、工业化初期、工业化成熟时期和后工业化时期。

2.2.1.4 产业城镇化理论

产业城镇化是产业结构合理化、高级化的优化升级过程。产业结构通常经历以第一产业为主至以第三产业为主的发展历程，总体呈现持续优化的演进趋势。产业结构优化升级是产业城镇化的必然要求，包括产业结构合理化量的优化和产业结构高级化质的发展两个层面。由此可见，产业城镇化理论的重点是对产业结构的分析和研究。产业结构论的代表人物包括英国经济学家配第（William Petty）、克拉克（Colin Clarke）和美国经济学家库兹涅茨（Simon Smith Kuznets）等。

17 世纪，英国古典经济学家威廉·配第在其《政治算术》一文中，首先提出产业结构理论思想。配第通过研究发现各产业间的收益差距，促使劳动力向收入更高的部门转移。伴随经济发展及其由此带来的产业间收入差异不断扩大，转移速度逐渐加快（配第，1978）。配第的理论在产业城镇化研究中发挥了重要作用，开启了产业结构理论的新时代。

其后，英国经济学家科林·克拉克（1940）对产业结构演化理论作出了开创性贡献。通过对配第观点的实证研究，克拉克提出"配第－克拉克定律"。他将国民经济划分为三个部分：第一产业、第二产业和第三产业。基于多国经济数据的详细统计和实证研究，克拉克揭示了人均国民收入水平与经济结构变动的内在联系，进一步验证并完善了配第的理论。

1941 年美国经济学家库兹涅茨以"配第 - 克拉克定律"为基础，在其《国民收入及其结构》一书中，以国民收入为切入点，对欧美多国经济统计数据加以分析和研究，揭示了国民生产总值与就业整体结构变化的内在规律，并找到了产业结构的演变方向。库兹涅茨认为，国民生产总值不断增加和人均国民收入持续升高的前提下，各部门收入及其就业比重表现为：农业部门不断下降，工业部门维持不变或略有上升，而服务业则处于上升趋势。库兹涅茨的理论研究为产业结构的理论研究增加了新的内容，为研究产业结构和经济增长关系提供了新的思路和方向。

此外，钱纳里通过一般均衡和投入产出分析法相结合，对 101 个国家 1950～1970 年的经济数据展开分析研究，得出不同经济发展时期下经济结构的具体标准值，为评价和研究各个国家或地区产业结构的合理性提供了重要的参考标准。

总体上看，产业结构论认为产业结构高度化是世界各国经济水平发展到一定阶段之后所表现的共同趋势，具体表现为：产值高度化、资产结构高度化、技术高度化、劳动结构高度化等。

2.2.2 中国特色城镇化理论

20 世纪 70 年代末，"城镇化"概念开始被引入中国。其后，随着我国城镇化进程加速，城镇化问题受到国内外学者的广泛关注。我国城镇化理论研究从无到有，从追赶到超越，取得了丰硕的理论成果。当前，国内城镇化理论形成了小城镇论、大城市论、中小城市论和多元城镇化论等理论派系。

2.2.2.1 小城镇论

改革开放以后，国内学者开始探索符合我国国情的城镇化发展理论，以小城镇建设为切入点的城镇化模式逐渐形成。其中，费孝通先生的小城镇发展理论最具代表性，其在《论小城镇及其他》一书中详细阐述了"农村包围城市"的小城镇建设理论（费孝通，1985）。费孝通先生提出应将市镇而非农村当作城镇化问题的研究对象，认为乡镇企业发展、农村工业化是小城镇发展的推动力量，提倡我国城镇化建设主要发展小城镇。通过对苏北、苏南以及温州等地小城镇建设的实地调研，他提出了我国城镇化建设的苏南模式和温州模式。费孝通先生的小城镇发展研究，极大促进了我国农村城镇化进程。改革开放后至 20 世纪末，费孝通先生"小城镇，大问题"的思想成为这一时期我国城镇化建设的主流思想（费孝通，1984）。

此后，小城镇论得到了进一步的发展和创新，例如，辜胜阻（1994）对我国小城镇发展进行研究后指出，分散地发展小城镇和乡镇企业存在诸多缺陷，应引导农村工业和人口向县城集中，实现农村工业化向城镇化方向转型。此外，由国内外学者共同参加，针对长三角、珠三角等地区的乡村城市化研究，首次提出"自下而上城市化"概念（薛德升、郑莘，2001）。

2.2.2.2 大城市论

20 世纪末，小城镇发展实践中出现城镇规模小、基础设施落后和经济效益低下等弊端，小城镇论开始受到挑战。董辅礽（1999）、冯兰瑞（2001）以及王小鲁、夏小林（1999）等通过调查研究指出，大城市具有远大于小城镇的规模效益，认为存在大城市超前发展的客观规律。至此，"大城市论"逐渐得到国内学者的广泛认同。

大城市论主要观点包括：第一，世界城镇化发展历史表明，大城市化是城镇经济发展的必经阶段；当前，我国城镇化进程仍处于推进大城市发展的特定阶段。第二，大城市的集聚能力使企业实现规模经济效应成为可能，生产要素及交易成本降低提升了企业盈利能力。第三，只有依托大城市，方可实现社会经济的工业化和现代化。第四，城市规模扩张会对城市基础设施、公共服务设施供给带来一定的压力，却并非导致交通拥堵、生活资源供给不足和环境污染等"城市病"的唯一原因，这些问题在小城镇表现得更为突出。

2.2.2.3 中小城市论

如前所述，小城镇布局的过度分散导致规模效应无法显现，大城市规模的盲目扩张使得"城市病"频发。有鉴于此，部分学者认为"小城镇论"和"大城市论"各有缺陷，而中等城市兼具大城市和小城镇的优势，能够弥补二者的不足。以辜胜阻为代表的学者，将中小城市的"据点发展式"城镇化放在城市体系中加以考察，通过理性研究指出：在城市体系中，中等城市作为连接大城市与小城镇的桥梁，其发展可促进大城市和小城镇共同发展。持"中小城市论"的学者认为，"小城镇论"和"大城市论"均与我国城镇化实践背离，推动中小城市的发展有助于解决二元社会结构问题，促进农村剩余劳动力有序转移（辜胜阻，1991，1992）。可见，"中小城市论"是在批判和继承"小城镇论"和"大城市论"的基础上发展起来的，相对于"大城市论"和"小城镇论"而言具有一定优势。

2.2.2.4 多元城镇化论

20世纪90年代后期，我国城镇化展现了全新的进程，多元城市化动力逐渐替代单一或二元为主的城市化动力（宁越敏，1998），多元城镇化思想开始出现。多元城镇化论的主要特点包括：第一，从研究视角看，多元城镇化论从城镇体系视角对我国城镇化进程加以研究，放弃自下而上或自上而下的单一研究视角；第二，多元城镇化论持有者认为，不能只发展小城镇或大城市，不存在最佳的城市规模，大中小城市的发展同等重要；第三，我国社会经济发展表现出典型"双重二元结构"特征，二元经济结构不仅存在于农村，也存在于城市。"双重二元结构"导致我国人口流动呈现多阶段、多层次特点，即农村剩余劳动力首先向小城镇转移，继而流向中小城市，最后流入大城市。

2.3 金融支持城镇化发展模式

发达国家金融支持城镇化建设的实践各具特色，立足于本国金融市场发展水平及市场化程度，因地制宜选择城镇化建设的金融支持模式。依据市场和政府作用大小，可将发达国家城镇化建设的金融支持体系，分为三种类型，即市场主导型、政府主导型和混合型。

2.3.1 市场主导型

市场主导型的城镇化建设金融支持模式，以高度市场化的金融市场为前提，市场对城镇化进程中的金融资源配置起主导作用。美国作为市场经济最为发达的国家，其城镇化进程中的金融支持体系即属于这一类型。

美国金融支持城镇化建设的主要特点为：

（1）金融支持城镇化建设过程中，商业性金融发挥主导作用，财政性金融支持占比较低。作为金融支持城镇化建设的主体，商业性银行贷款占社会总投资比重高达 90% 以上，财政性金融主要支持重点建设领域，所占比重较低。

（2）通过市政债券市场为州政府及地方政府提供融资平台。市政债券市场（municipal bond market，MBM）作为美国州和地方政府融资的重要平台，有助于降低城镇化进程中市政设施建设和公共服务设施建设的融资成本，拓展了地方政府融资渠道（苏亮瑜，2010）。联邦政府则对地方基础设施建设及科教文卫等城市公共服务设施给予适当补贴。

（3）完善的农村金融体系为实现农村现代化和推进农村城镇化保驾护航。联邦土地银行、联邦中介信用银行分别满足农业经营者长期和中短期融资需求；合作银行系统、保险公司可为农业经营提供贷款，有力地推动农业现代化和农村城镇化进程。

（4）市场化机制为产业发展提供资金支持。成立以中小企业管理局（SBA）为代表的多层次、多渠道担保计划，确保中小企业发展所需资金得到有效供给，这些担保机构辅以中小企业投资公司等专为中小企业提供贷款或担保的实体，为中小企业获取低成本的资金提供保障。

美国长期奉行自由主义，强调以市场机制调节经济活动。城镇化建设中也主要依赖高度发达、多层次的资本市场提供资金支持，资本市场驱动城镇化进程向前推进。然而，高度市场化的城镇化建设金融支持模式也带来了土地资源浪费、过度郊区化、房地产过度开发等严重问题。

2.3.2 政府主导型

政府主导型的城镇化建设金融支持模式，由政府主导调节金融资源配置，其在城镇化进程中发挥着不可替代的引导和调控作用。多数发达国家城镇化建设金融支持体系属于这一类型，典型国家包括日本、以德法英为代表的西欧国家以及加拿大等。

政府主导型金融支持城镇化建设模式主要特点有：

（1）为中小企业贷款提供担保、贴息或税收优惠，促进经济发展，提升产业城镇化水平。例如，日本设立国民金融公库、商工组合中央金库、环境卫生金融公库、中小企业金融公库和冲绳振兴开发金融公库等5家金融机构，为中小企业提供贷款；颁布《信用保证协会法》为中小企业向民间金融机构融资提供担保。德国成立以行会为基础的担保银行，为中小企业提供贷款担保；与此同时，为分担担保银行的风险和损失，联邦政府以长期责任贷款等低息贷款形式进行扶持。

（2）注重引导和鼓励民间资金参与城镇基础设施和公共服务设施建设，政府直接投资占比不高。例如，日本采取发行长期金融债券转化居民存款、为民间资本提供政策性融资担保、以少量资金吸引民间资本共同参与等方式，为基础设施建设提供充足资金来源。德国则采取财政补贴、发行国债直至直接以财政投资方式支持城镇基础设施建设；其中，政府以租赁或分期付款方式回购民间资本投资项目的融资租赁模式被广泛采用。英国在基础设施建设项目中，通过引入 PPP 模式吸纳社会资金，市场参与程度较高（裴丽，2017）。在政府主导的前提下，加拿大通过引入财政、信贷和社会资金，为基础设施建设提供金融支持。

（3）构建农村合作金融体系支持农业现代化和农村基础设施建设，推动农村城镇化发展。例如，日本建立了集政府金融与合作金融于一体的农村金融体系为农村发展提供资金，其中，农村合作金融占主导地位（孙保营，2008）。农村合作金融以遍布全国城乡的农协为载体，为内部会员提供全面的、多层次的、适度竞争的金融服务（李巧莎、张杨，2017）。农村城镇化建设领域，颁布《北海道开发法》《冲绳振兴开发金融公库法》《日本开发银行法》《农林渔业金融公库法》等法律，为农村城镇化建设获得金融支持提供法律保障，并通过农林公库、日本开发银行和邮政储蓄等开发性金融机构拓展农场基础设施建设的资金来源渠道（李妍妮、于东焕、崔巍，2015）。

2.3.3 混合型——政府主导＋市场主导

混合型城镇化金融支持模式是指在城镇化的不同发展阶段，分别采用政府主导和市场主导的金融支持模式，典型国家为韩国。

韩国城镇化进程可分为中前期和后期两个阶段,在城镇化率30% ~ 75%的中前期,城镇化建设的资金来源主要依靠财政和政府融资;在城镇化率75%之后,私人部门融资和资本市场融资在城镇化建设融资中的作用日益提升(胡滨、星炎,2015)。

韩国城镇化建设金融支持实践的特征:

(1)城镇化中前期阶段(20世纪90年代前),金融支持模式以政府引导为主,市场参与为辅。韩国政府非常重视政策性金融机构在城镇化建设中的融资功能,在城镇化中前期即成立了企业银行、产业银行、农协银行、水协银行和进出口银行等5家政策性金融机构(俞佳晖,2013)。其中,企业银行、产业银行和农协银行在城镇化建设中扮演着十分重要的作用,三者在城镇化建设中的主要融资功能如表2.1所示。

表 2.1　　　　　　　　　　韩国主要政策性银行及其融资功能

序号	政策性银行	城镇化建设中的融资功能
1	企业银行	支持中小企业发展过程中的融资需求
2	产业银行	重点支持石化重工业和出口导向产业
3	农协银行	主要为农业现代化、农村城镇化建设提供资金

在韩国城镇化进程中,财政融资作为政府投融资体系的核心组成部分,作用巨大。韩国财政投融资主要通过政策性金融机构实施,贷款利率低、贷款期限长是其突出特征。通过政策性银行放贷途径实现对企业和项目的直接出资,促进了韩国早期产业城镇化、空间城镇化的发展,带动人口向城镇集聚,最终加速韩国人口城镇化进程。

(2)城镇化后期阶段(20世纪90年代后),韩国城镇化进程中的融资渠道中,市场化融资逐渐占据主导地位,资本市场对城镇化建设的支撑作用凸显。财政融资大幅减少,政府证券融资逐年增加。2005年以后,基础设施基金、基础设施债券和基础设施证券等由项目运营方而非各级政府发行的融资工具,成为韩国金融支持城镇化建设的重要组成部分。

可见,韩国城镇化建设的金融支持模式是一种混合模式,即在资本市场尚未成熟阶段,采用政府主导模式,资本市场发展成熟后,逐渐降低对政府财政投资的依赖，大力吸收民间资本参与城镇化建设。

2.4　本章小结

　　本章首先对金融发展的相关理论进行简要概述，主要介绍了金融结构论、金融深化－金融抑制论、金融约束论和金融功能论等四种经典金融发展理论。其次，对城镇化基础理论和中国特色新型城镇化理论进行梳理和评述。最后，对当前发达国家金融支持城镇化建设的模式加以归纳总结。通过对金融发展理论、城镇化发展理论和金融支持城镇化建设的实践模式等相关理论和实践的梳理，为后续研究奠定扎实的理论基础和实证依据。

| 第 3 章 |

金融发展支持新型
城镇化的作用机理

　　新型城镇化进程是城镇内部各要素相互制约、互相促进与协同发展的良性循环过程，人口集中、产业集聚和空间扩展是新型城镇化的重要特征，因此，新型城镇化过程即是人口转移、产业结构演进升级和城镇化规模扩大的过程。其中，产业结构优化和高级化是新型城镇化的核心和动力，人口集聚和空间扩张是新型城镇化进程的外在表现，三者相辅相成、缺一不可，最终实现人口－产业－空间融合发展（刘法威、许恒周、王姝，2014）。可见，新型城镇可细化为产业城镇化、人口城镇化及空间城镇化三个维度。

　　现代经济中，金融已成为整个宏观经济的重要调节器，能够高效引导资本、劳动力和土地等生产要素在行业和区域间流动，优化城镇内部各项资源配置。金融支持城镇化建设即是通过金融系统资源配置功能，促进人口转移、产业结构优化和空间资源集聚。

3.1 金融支持产业城镇化的作用机理

3.1.1 产业城镇化的内涵

产业城镇化是指城镇化进程中产业结构高级化、合理化的过程（赵峥、倪鹏飞，2012），其间往往伴随着非农产业比重上升、以服务业为核心的第三产业在国民经济中逐渐占据主导地位的产业结构高级化过程，最终实现三次产业协调发展。

3.1.2 产业城镇化的实现路径

产业的高级化和合理化是新型城镇化建设的经济基础，推动新型城镇化进程关键在于促进产业发展。产业发展不仅是指国民经济中三次产业内部的优化升级，也是三次产业间比重的调整与优化，实现三次产业内部和产业间的合理化和高级化。

（1）促进第一产业发展，可为产业城镇化获得基础动力。首先，第一产业作为基础产业，可为第二、第三产业发展提供重要原材料；当前，我国农业生产率和产出率依然较低，推动以农业为主的第一产业升级发展，实现农业现代化将为第二、第三产业提供更为丰富的初级产品。其次，农业现代化可为非农产业发展提供大量劳动力；长期以来，农业生产效率低下一直是困扰我国农业发展的最大瓶颈，大量农村劳动力无法摆脱土地的束缚实现更好的发展；推动农业现代化不仅能够大幅增加农业产出，同时有助于进一步解放农村劳动力；在我国社会老龄化趋势愈发明显的背景下，实现农业现代化可为非农产业发展提供充足的劳动力。最后，第一产业发展可为第二、第三产业发展提供广阔市场。第一产业发展提高了先进生产工具的市场需求，有助于促进工业发展；第一产业发展通过提高农村居民收入水平，带动农民生活消费水平提升，促进第三产业发展。

（2）第二产业发展是推动产业城镇化进程的核心动力。第二产业发展可为第一产业发展提供技术支持和先进生产力，第二产业发展对现代服务业产生旺盛需求，有助于促进以现代服务业为核心的第三产业发展。当前，我国仍处于工业化中后期，第二产业的发展符合我国经济发展的比较优势，是我国现阶段农村剩余劳动力的吸纳场，是促进人口城镇化的第一动力。此外，第二产业提档升级有利于夯实我国科学技术进步基础，提升国家核心竞争力的同时，为国家和民众积累大量财富，间接带动第三产业发展，是推动产业结构升级、实现产业高级化的核心力量。

（3）第三产业发展是我国新型城镇化的长期动力。改革开放以来，我国社会经济取得长足发展，人民生活水平大幅提高，为第三产业发展提供了基础条件。如前所述，以现代服务业为核心的第三产业，其发展可为第一、第二产业实现技术升级提供有力支撑，产业结构升级的终极目标即是推动第三产业在国民经济中占据主导地位。

综上所述，三次产业间具有相互依赖、互相促进的关系，三次产业自身技术进步和结构升级，有助于促进三次产业结构的合理化和高级化，推动我国产业城镇化进程。

3.1.3 金融支持产业城镇化的途径

推动产业城镇化进程需要大量资金支持，金融市场的资本筹集和资源优化配置功能在产业结构调整与优化过程中发挥着关键作用。产业发展所需资金总体上经由金融市场渠道筹集，金融对产业技术研发的支持有助于促进产业技术升级，提升产业竞争力，稳步推动产业技术进步；金融市场分配功能可促进人力、资本、技术及土地等生产要素在不同产业和经济部门间的合理配置，实现产业结构协调发展；基于金融营利性特征而衍生的金融发现功能，则有利于促进产业结构优化、升级，推动科技创新及其带来的新兴产业发展。金融支持产业城镇化的机理如图 3.1 所示。

3.1.3.1 金融发展对产业优化升级的支持路径

戴维斯和戈德伯格（Davis & Goldberg，1957）认为，完善金融体系的建立有助于提高农业生产经营效率，促进农业现代化发展。费和拉尼斯（Fei & Ranis，1964），德拉本斯托特和米克尔（Drabenstott & Meeker，1997）分别从

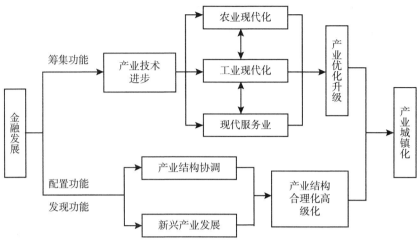

图 3.1　金融支持产业城镇化的机理

不同角度出发，证实金融对促进农业现代化形成重要支撑。具体而言，通过金融市场储蓄动员职能为农业发展提供资金准备；金融中介机构利用金融市场的投资转化职能，将储蓄资金转化为投资资金；利用金融市场投资投向职能，实现金融资源在农业领域的有效配置。顾宁、余孟阳（2013）通过实证分析证实了金融市场通过储蓄动员、投资转化和投资投向促进农业现代化进程。金融规模扩张为传统工业向现代工业转向提供充足资金支持，金融投资偏向则为工业结构优化发展指明方向。乔路（2016）基于 1952～2013 年的时间序列数据，通过向量自回归（VAR）模型证实金融中介发展规模、工业货款偏向与工业化进程存在长期稳定的正向关系。金融业作为现代服务业的重要组成部分，其发展为现代服务业提供了充足的内生动力；此外，金融市场发展和完善满足了其他服务业的金融服务需求，促进其他服务业技术进步。尹俏也、周可人（2012）认为金融服务业作为资源配置的平台，与服务业中其他行业的业务关联度很高。李安定、金艳平、朱永行（2006）以上海为例，指出充分发挥金融的资源配置、价格发现、润滑经济交易等功能，能够推进现代服务业加速发展。

可见，金融规模扩大为国民经济三次产业发展带来的资金需求提供蓄水池，金融市场资金转化功能为储蓄向投资转化提供便捷通道，金融发现功能和投资投向功能对三次产业技术进步形成重要支撑。金融市场各项职能的发挥，可促进农业、工业和服务业技术升级，实现农业、工业和服务业的现代化发展。家庭联产承包责任制的农业生产方式越来越不适应现代经济的发展，需要改变现行的农业生产方式，推动农业向现代化方向发展。金融对于农业现代化的支持，主要体现为：推动农业生产工具向机械化、大型化方向发展，进而提高农业生产效率；通过融资租赁方式为农民提供资金支持，如对农业育种的资金支持，可促进农业育种科技化；推出农业保险政策，保障农民利益。传统工业向现代制造业转型发展同样离不开金融市场支持，我国传统工业以劳动密集型产业为主，技术进步对产业发展作用尚未充分体现；随着我国快速步入老龄化社会以及"中国制造 2025"的提出，推动制造业的现代化进程已被提上议事日程。众所周知，先进制造业属于资金、技术密集型产业，金融市场可为其提供研发资金。中小企业是现代服务业的主力军，融资难问题则是中小企业发展面临的主要问题，金融市场体系完善和产品创新，可为中小企业获得资金形成有力支持。

3.1.3.2 金融发展对产业结构合理化、高级化的支持作用

莱文（Levine, 1997），米查洛普洛斯（Michalopoulos, 2013）认为金融规模扩大对区域产业结构升级有正向促进作用；珍佩尼、华和梁（Jeanpeney, Hua & Liang, 2006）实证分析结果表明，金融集聚通过影响资本要素配置效率促进产业结构升级。金融通过提升产业各类生产要素利用效率实现产业结构升级，通过强化产业技术创新、孵化发展新兴产业实现产业结构高级化。首先，金融市场通过资源配置功能实现对第一、第二和第三产业三次产业的要素配置，实现三次产业协调发展。其次，金融市场通过金融发现功能，淘汰传统的粗放型产业，引导资金投向资本、技术密集型产业；与此同时，产业结构升级以及新兴产业发展离不开技术创新，而技术创新风险高，且需要大量资金支持。金融市场具有多元化的投资渠道优势，可吸引银行、证券和信托等金融中介机构参与，以分散技术创新投资风险，实现促进技术进步、推动产业结构升级目标。最后，新兴产业的诞生和发展同样离不开技术创新和技术进步，金融市场通过发现功能和要素配置功能，有效引导资金向投资风险较大、收益相对较高而发展前景好的新兴产业，从而实现产业结构高级化。

3.2　金融支持人口城镇化进程的路径和机制

3.2.1　人口城镇化的内涵

人口城镇化是农村人口向城镇集中，城镇人口比重不断提高的过程。新型城镇化的核心是人口城镇化。可见，人口城镇化通常伴随着农村人口向城镇的转移和流动，是乡村文明向城市文明转化、农村生活方式向城镇生活方式转化的过程。由此可见，人口城镇化一方面是农村人口由农村向城镇转移的空间流动过程，另一方面也是生活方式、思维方式和行为模式转变的文明演化过程。

3.2.2　人口城镇化的实现路径

人口城镇化进程是一个复杂过程，不仅涉及农村人口的空间转移，也伴随着农民身份的转变。因此，人口城镇化进程的推动需要满足一定的条件。基于托达罗（1969）人口流动理论，农村人口向城镇转移是在推拉模式作用下完成的。因此，人口城镇化既需要农村内部推力，也需要来自城镇的外部拉力共同作用方可实现。

首先，农业现代化发展是农村人口流动的内部推力。改革开放后，家庭联产承包责任制激活了农民的生产积极性，迅速推动农业发展；农业科技水平提升，进一步推动农业现代化进程；农业生产效率大幅提升，被土地束缚的农村劳动力开始出现剩余。与此同时，改革开放推动我国非农产业发展取得长足进步，尤其是"三来一补"行业促使劳动密集型产业首先得到大力发展；劳动密集型产业大幅提升我国城镇就业率和城镇工资收入水平的同时，导致城镇劳动力出现紧缺。农村与城镇劳动力市场一松一紧以及城乡收入差距的不断扩大，对农村剩余劳动力形成巨大推力。

其次，城镇吸引力增加对农村人口向城镇转移产生巨大拉力。长期以来，我国存在重城镇建设而轻农村发展的政策取向；另外，城镇非农产业发展引致城镇基础设施需求旺盛。二者叠加作用，使得城镇基础设施逐步完善。相对而言，农村基础设施发展则十分缓慢。与此同时，城乡在教育、文化、医疗、卫生和体育等公共服务设施建设领域也存在巨大差距。可见，城乡在硬件设施和软件环境打造方面均有明显差距，城镇便捷的交通条件、完备的市政设施和完善的公共服务对农村劳动力产生巨大吸引力，推动农村人口流向城镇，促进了人口城镇化进程。

最后，破除城乡文化差异是扫除人口城镇化障碍的前提。由前述可知，人口城镇化不仅仅是农村人口向城镇的空间转移，更重要的是实现农村人口市民化。而农村人口市民化意味着农村流动人口融入城镇生活。杨菊华（2015）基于经济整合、社会适应、文化习得和心理认同等四个维度研究流动人口的社会融入，结果发现：我国流动人口的总体社会融入水平一般，且乡－城流动人口融入水平低于城－城流动人口的社会融入水平。可见，农村流动人口进入城镇不等同于融入城镇，城乡文化差异严重阻碍了农村流动人口市民化。消除城乡文化差异，可从提高农村人口受教育程度、技术技能和文化素质入手。相关研究结果表明，提高农村人口素质是实现农民市民化的内在条件，是实现农村人口向城镇梯度转移的关键所在。提高人口素质，不仅要提升农村人口基础文化水平和劳动技能水平，还包括改变落后习俗和思想观念，增强社会适应能力和人际沟通能力。因此，推动人口城镇化进程，除加强农村转移人口知识和技能培训外，还需对各类农村流动人口进行针对性的沟通技巧和思想观念培训，逐步消除城乡文化鸿沟。此外，推动农业现代化和农村发展，能够提高农民收入水平，间接促进城乡居民文化认同和社会融合，有利于促进人口城镇化进程发展。

3.2.3　金融支持人口城镇化的途径

如前所述，农民市民化是人口城镇化的本质。推动人口城镇化进程，首先推动农业生产效率提高，破解农民土地依附问题——推力；其次是要增强城镇吸引力——拉力；最后还要提升农村转移人口社会融入能力——适应力。"三力合一"方可有效推进人口城镇化进程，而"三力"的形成需要发挥金融的支持作用。金融支持人口城镇化的作用机理，如图3.2所示。

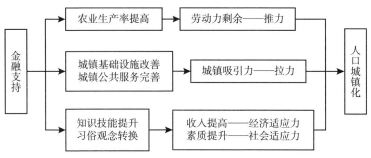

图 3.2　金融支持人口城镇化的作用机理

（1）金融市场发展可有效提升农业生产效率，并推动农村人口向城镇转移。金融市场对农业现代化发展的支持作用，本书第 3.1 节对此已进行详细论述。农业现代化发展必然伴随着农业生产效率提高，二者相辅相成，互相促进。因此，金融支持有助于农业生产效率提高，进而推动大量农村剩余劳动力向城镇转移。此外，我国农村土地市场的逐步放开已是大势所趋，金融市场发展可为农村土地资产抵押、证券化提供支持，推动土地资本进入市场流通，破除农民土地束缚。可见，金融支持是农村人口向城镇转移的重要推力。

（2）金融支持城镇设施建设，有助于提升城镇吸引力。城镇基础设施和公共服务设施建设需要大量资金投入。当前，我国城镇基础设施和公共服务设施建设通过政府主导模式得以实现，政策性金融支持是这一模式顺利运行的重要前提。随着银行、证券、基金、信托及债券等商业性金融机构的发展和完善，商业性金融对城镇建设的参与度必将逐步提高。政策性金融和商业性金融对城镇设施建设的支持，有助于增强城镇环境、设施吸引力，促进农村人口向城镇转移。

（3）金融市场发展可提供充足的教育资金，提高农村流动人口经济和社会适应力。农村流动人口文化知识和劳动技能的提升需要教育，金融市场可为流动人口的教育和培训提供充足资金。通过金融资金支持扩大教育机构规模和数量，完善教育条件、提高教育水平，促进农民的知识技能水平提升，加快思想观念转化，最终增强农民经济和社会适应力，使农民更好融入城镇生活，实现农民市民化。

3.3 金融支持空间城镇化的作用机理

金融支持空间城镇化的作用机理，如图3.3所示。

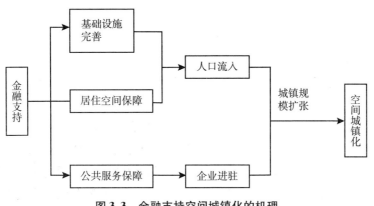

图3.3 金融支持空间城镇化的机理

3.3.1 空间城镇化的内涵

空间城镇化是指城镇规模的扩张，是城市建成区不断扩大的过程。在空间上，推进新型城镇化，就是要构建区域经济和产业空间布局紧密衔接的城市空间生态，形成以城市群为主体形态，大、中、小城市与小城镇协调发展，城市群产业承载能力不断增强的区域经济一体化格局（陈林心、何宜庆、徐夕湘，2017）。

3.3.2 空间城镇化的实现路径

空间城镇化发展离不开基础设施和公共服务建设（韦福雷、胡彩梅、鞠耀绩，2013），城镇设施建设主要包含三个方面：其一，交通、市政等基础设施建设；其二，科教文卫体等公共服务设施建设；其三，以提供基本居住空间为主的房地产开发建设。基础设施和公共服务设施的建设和完善有助于吸引企业进驻，促进城镇产业规模扩大，推动产业城镇化进程；城镇产业的发展吸引更多人口流入城镇，推动人口城镇化进程；产业城镇化和人口城镇化进程的推进，导致城镇规模不断扩大，引发新一轮的城镇基础设施和公共设施建设。可见，产业城镇化、人口城镇化和空间城镇化的良性互动，推动空间城镇化不断向前发展。

3.3.3 实现空间城镇化的金融支持途径

（1）城镇基础设施建设和公共服务设施建设具有资金需求大、投资周期长和资金回笼慢等显著特征，对多元化金融服务支持有着迫切需求。与此同时，城镇基础设施和公共服务设施的外部性、公益性特征，对吸引资金参与形成巨大阻碍。鉴于此，我国基础设施和公共服务设施建设长期存在巨大资金缺口。可见，空间城镇化进程尤其需要资金支持，一个运行稳定、功能齐备、操作安全、服务完善的金融体系是空间城镇化顺利实现的重要保障。当前，我国城镇设施建设主要依赖于政府政策性金融渠道获取建设资金。推动金融市场，尤其是商业性金融市场发展，通过金融工具创新，引导民间资金参与城镇设施建设是促进我国空间城镇化进程的重要途径。

（2）金融发展为城镇居民获得居住空间保障提供有力支撑。房地产业属于资金密集型产业，无论是保障性住房还是商品住房的开发建设，均需要大量资金支持。通过政策性金融和商业性金融筹集资金，金融市场发展为保障房建设及商品房开发提供资金支持。目前，保障性住房建设由政府主导，政策性金融资金占比较高，商业性金融资金也逐渐参与到保障房建设中来。商品住房开发建设则主要由商业银行机构、证券市场实现资金筹措。可见，金融市场通过为保障房建设和商品房开发提供资金，对空间城镇化进程形成有力支撑。

3.4 城镇化进程对金融发展的反向促进

如前所述，金融支持对城镇化建设的作用主要体现在对生产要素的优化配置；与此同时，城镇化进程也对金融发展产生反向促进作用。本质上，城镇化即是利用人口和产业的空间聚集实现各类要素资源的优化配置，提升社会经济的整体效率。某种意义上说，城镇化进程是社会经济发展的重要体现。城镇化带来的知识外溢、效率提升、成本下降、技术普及和规模扩张，促进金融资源集聚。具体而言，产业城镇化发展吸引大量企业向城镇集聚，引发产业融资需求；人口城镇化进程实现了农村人口向城镇转移，伴随着城镇人口规模扩大以及收入水平提高，金融消费需求相应扩大；空间城镇化进程中产生的基础设施建设、公共服务设施建设和居住空间建设需求，为金融市场带来广阔的发展空间。可见，城镇建设的各个领域均对资金产生大量需求，城镇化进程对金融发展具有明显的反向促进作用。

3.5 金融发展与城镇化进程的互动机制

基于前述分析结果，可对金融发展与城镇化进程的互动机制进行简要梳理。金融发展与产业城镇化、人口城镇化及空间城镇化进程的互动机制如图3.4所示，椭圆形代表城镇化产业、人口和空间三个维度，分别是产业城镇化、人口城镇化和空间城镇化。其中，产业城镇化是城镇化的核心动力，空间城镇化是城镇化的外在体现和空间载体，人口城镇化是城镇化的最终目标。

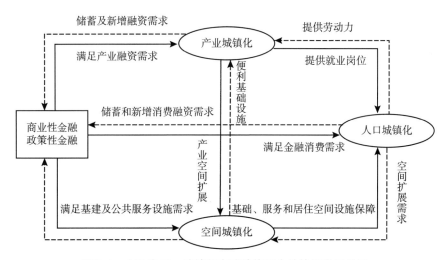

图 3.4 金融发展、城镇化在城镇体系中的协调发展关系

矩形代表金融市场资源，以实体经济生产要素为代表的经济资源沿箭线传递，其中实箭线表示协同的正向传递，虚箭线代表金融资源的反馈响应。

3.6　本 章 小 结

本章首先指出新型城镇化进程包含产业城镇化、人口城镇化和空间城镇化三个维度。紧接着，在剖析人口城镇化、产业城镇化和空间城镇化内涵及其发展路径基础上，结合金融的资源配置功能，分别对产业城镇化、人口城镇化和空间城镇化的金融支持机制进行分析。其后，简要阐述了城镇化建设对金融发展的反向促进机理。基于前述分析，构建金融支持城镇化建设及两者良性互动的作用机制。研究结果显示，产业城镇化、人口城镇化和空间城镇化进程的驱动要素及实现路径各异，因而，其金融支持机制亦略有不同。本章研究有助于理清本书的研究思路，并为后续实证研究搭建了分析框架。

| 第4章 |

东、中、西部地区金融发展
与城镇化进程演化及评价

4.1 我国区域金融发展演化及评价

新型城镇化进程中，资金供给与需求对推动城镇化进程至关重要。当前我国经济发展水平极不均衡，东、中、西部地区处于城镇化进程的不同阶段，城镇建设所需资金量与地方政府财政资金缺口矛盾呈现明显地区差异。因此，对东、中、西部地区金融发展演化历程及其评价，不仅可以为区域金融发展制定科学的规划，还能为确保城镇建设发展获得有力的金融支持提供参考。

4.1.1 东部地区金融发展演化及评价

4.1.1.1 东部地区银行业发展演化

（1）东部地区银行业总体发展概述。

近年来，东部地区银行业金融总体发展平稳，占全国份额稳中有升，是国内银行体系的主体。由表 4.1 数据显示，截至 2016 年末，区域内银行业资产总额 1123925 亿元、金融机构网点数量 88408 个、从业人数 1640816 人。受"金融互联网＋"及智能银行发展影响，东部地区银行业网点数和从业人数占全国份额环比略有下滑。

表 4.1 2015 年和 2016 年东部地区银行业金融机构概况

年份	资产总额（亿元）	网点数量（个）	从业人数（人）
2015	1005586	88218	1674151
2016	1123925	88408	1640816

注：各地区金融机构营业网点不包括国家开发银行等政策性银行、大型商业银行、股份制商业银行等金融机构总部数据。

资料来源：中国人民银行上海总部、各分行、营业管理部、省会（首府）城市中心支行。

（2）东部地区存贷款余额。

东部地区作为我国经济发展水平最高的板块，区域内各省份经济较为活跃，居民生活富足，企业及家庭储蓄规模大，融资需求十分旺盛。由图 4.1 可知，2000～2015 年间，东部各省份存贷款余额实际值（按不变价格）呈现逐年增长态势。横向对比看，广东、浙江、江苏、北京、山东及上海存贷款

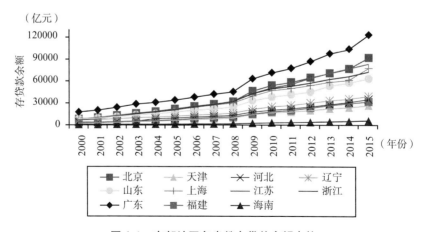

图 4.1 东部地区各省份存贷款余额走势

注：存贷款余额均为经调整后的实际值（1990 年为基准）。

资料来源：中国人民银行上海总部、各分行、营业管理部、省会（首府）城市中心支行。

余额处于第一梯队，河北、辽宁、天津和福建处于第二梯队，海南因人口规模及经济发展水平等因素影响，存贷款余额规模较小。

纵向发展角度看，东部地区各省份存贷款余额在 2009 年出现大幅飙升，主要源于世界金融危机发生后，国家"四万亿"投资带动了各类贷款的大幅增长。

从图 4.2 不难发现，2000 年东部地区整体存贷款余额实际值仅为 73697 亿元，2015 年则增至 650535 亿元，累计增长近 8 倍。除 2011 年和 2014 年增幅较低外，其余各年环比增幅均高于 10%，其中 2009 年增幅达到 36.23%。

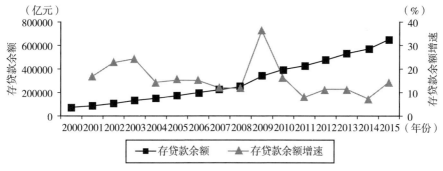

图 4.2 东部地区存贷款余额及增速走势

注：存贷款余额均为经调整后的实际值（1990 年为基准）。
资料来源：中国人民银行上海总部、各分行、营业管理部、省会（首府）城市中心支行。

（3）东部地区城乡居民储蓄余额。

如前所述，东部地区整体经济发展水平位居三大地区之首，区域居民生活富足，城乡居民储蓄余额较高。即便如此，东部地区各省市城乡居民人民币储蓄余额也存现明显的区域差异。由图 4.3 可见，广东省城乡居民人民币储蓄余额位居第一梯队，江苏、山东、浙江、河北、北京、上海和辽宁居于第二梯队，福建、天津和海南居于第三梯队。

绝对值方面，由图 4.4 可知，2002 年以来东部地区城乡居民人民币储蓄余额呈逐年上升趋势，由 2002 年的 5.1 万亿元增长至 2014 年的 26.8 万亿元，2002～2014 年储蓄余额增长近 3.4 倍。环比增速看，东部地区城乡居民人民币储蓄余额增速呈现两阶段走势。第一阶段为 2002～2007 年，此阶段储

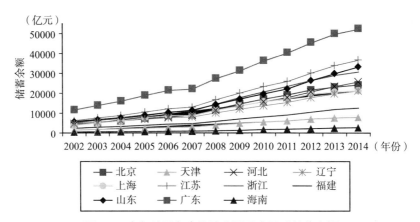

图 4.3　东部地区各省份城乡居民人民币储蓄余额

资料来源：中国人民银行。

蓄余额增速整体呈环比逐年下滑态势；第二阶段为 2008 年至今，在世界金融危机影响下，国家为刺激经济增长，实行了宽松的货币政策和积极的财政政策，受此影响，东部地区城乡居民人民币储蓄余额增幅出现明显回升，其后则再次出现环比增幅逐年下滑之势。

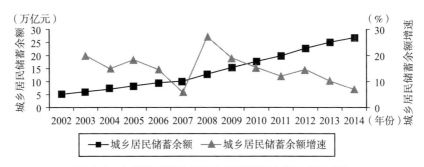

图 4.4　东部地区城乡居民人民币储蓄余额及增速趋势

资料来源：中国人民银行。

从存款结构看，东部地区除住户存款占全国比重略低外，其余各项存款占全国比重均超过 50%，非金融企业存款和非银行业金融机构存款占比更是远高于中、西部地区。此外，东部地区非金融企业存款增速较高，成为全国非金融企业存款快速增长的主要动力。

（4）东部地区社会融资规模。

截至 2016 年末，东部地区本外币各项贷款余额 58.7 万亿元，较 2015 年增长 12.2%，增速环比提高 1.2 个百分点，推动全国贷款增长近 7 个百分点。东部地区本外币贷款余额占全国的比重为 55.9%，环比基本持平。受美联储加息预期、境内外利差收窄因素影响，近年来东部地区外币贷款总体呈现下降趋势，企业利用外币融资积极性略有下滑。截至 2016 年末，东部地区外币贷款余额同比下降 6.2%。

2013 年以来，东部地区社会融资规模波动较大，表 4.2 数据显示，2016 年社会融资规模达到 101695 亿元，总体规模呈扩大之势。其中，本外币人民币贷款、债券及非金融企业境内股票融资均呈增长态势，非金融企业境内股票融资 2013～2016 年增长了近 9 倍，表明东部地区债券及上市融资渠道得到拓宽，社会融资渠道日益丰富。

表 4.2　　　　　　　　**2013～2016 年东部地区社会融资规模**　　　　单位：亿元

项目	2013 年	2014 年	2015 年	2016 年
社会融资规模	90417	84625	84855	101695
其中：本外币人民币贷款	47884	50247	49790	60265
债券	11306	13885	19357	19217
非金融企业境内股票融资	898	3091	5483	8934

资料来源：中国人民银行、国家发展改革委、中国证监会、中国保监会、中央国债登记结算有限责任公司和银行间市场交易商协会等。

4.1.1.2　东部地区保险业发展演化

近年来，东部地区保险业高速发展，保险公司总部及分支机构数量全国占比高居首位，原保险保费收入①遥遥领先。截至 2016 年，东部地区原保险保费收入、保险公司总部及分支机构分别达到 17042 亿元、146 家和 769

---

① 原保险保费收入是指由保险公司自己做的业务得到的保费收入。根据国家规定，保险公司必须按照一定比例进行分保，因此保费收入包括原保险保费收入和再保费收入，再保费收入是指接受保险分出的公司收取的保费。

家（见表4.3），保费收入同比增长31%，广东、江苏、山东、北京、浙江、河北、上海等地保费收入超过千亿元。2016年，东部地区人身险、财产险保费收入分别增长42.3%和8.0%，可见，东部地区人身险保费收入增势强劲，而财产险保费收入增长相对放缓。2016年，东部地区各类保险赔付支出5680亿元，同比增长19.3%，增速同比下降5.2个百分点。北京、上海两地保险密度①和保险深度②领先于其他省份，保险密度和深度均居全国前两位。

表4.3　　　　　　　2016年东部地区保险机构及保费收入支出情况

序号	项目	数量/金额
1	总部设在辖区内的保险公司数（家）	146
1.1	财产险经营主体（家）	68
1.2	人身险经营主体（家）	78
2	辖区内保险公司分支机构（家）	769
2.1	财产险公司分支机构（家）	343
2.2	人身险公司分支机构（家）	426
3	保费收入（亿元）	17042
3.1	财产险保费收入（亿元）	4634
3.2	人身险保费收入（亿元）	12408
4	赔付支出（亿元）	5680

资料来源：中国保监会网站及各省（自治区、直辖市）保监局，经整理得到。

由图4.5可知，2007～2015年间，东部地区各省份原保险保费收入总体呈增长态势（2011年和2014年部分省份负增长）。分省份看，广东和江苏两地原保险保费收入位居第一梯队，山东、北京、浙江、河北和上海原保险保费收入位居第二梯队，辽宁、福建、天津和海南原保险保费收入位居第三梯队。

———————————

① 保险密度是指一国（地区）的人均保费收入。
② 保险深度是指一国（地区）全部保费收入与该国（地区）生产总值的比率。

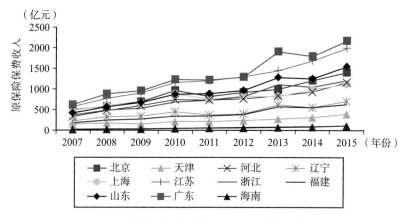

图 4.5 东部地区各省份原保险保费收入走势

资料来源：中国保监会网站及各省（自治区、直辖市）保监局，经整理得到。

图 4.6 显示，2007～2015 年东部地区原保险保费收入增速波动幅度较大，2008 年原保险保费收入增速达到 32.8%，而 2011 年原保险保费收入增速为 -3.7%。

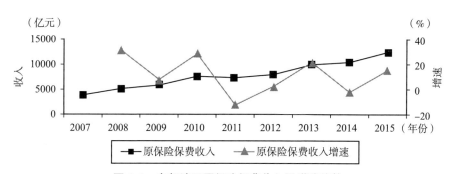

图 4.6 东部地区原保险保费收入及增速趋势

资料来源：中国保监会网站及各省（自治区、直辖市）保监局，经整理得到。

4.1.1.3 东部地区证券业发展演化

近年来，东部地区证券业平稳发展，辖区内证券公司、基金公司和期货公司数量占全国比重稳居东、中、西部地区第一位，东部地区占据全国证券、基金、期货市场主体地位。2007 年以来，东部地区各类证券公司数量占比均有所提高，其中基金公司数量占全国比重最高；截至 2016 年，总部设在东部地区基金公司数量占全国比重高达 98.2%，总部设在辖区内的证券公司和期货公司全国占比分别为 73.7% 和 78.4%，占比均高于 70%。截至 2016 年末，东部地区境内外上市公司 2472 家，境内上市公司占全国比重达到 80%。

证券市场融资额方面，东部地区融资额同样位居东、中、西部地区首位。表 4.4 数据显示，2007～2016 年间，东部地区当年境内股票（A 股）筹资额占全国比重虽有所波动，近几年还有所下滑，但总体占比仍超过 60%；2016年，东部地区当年境内股票（A 股）筹资额占全国比重回升至 73.1%。相对而言，东部地区当年发行 H 股筹资额占全国比重波动更大，但大多数年份该比值均超过 70%（2010 年和 2014 年分别为 52.7% 和 29.0%）。2007～2016年，东部地区当年境内债券筹资额占全国比重呈逐年下滑态势，但东部占比仍高于 50%。

表 4.4　　　　2007～2016 年东部地区证券公司数量及筹资额占全国比重　　单位：%

项目	2007年	2008年	2009年	2010年	2011年	2012年	2013年	2014年	2015年	2016年
总部设在辖区内的证券公司数	59.6	66.4	66.0	66.7	67.4	68.4	68.7	70.0	69.6	73.7
总部设在辖区内的基金公司数	93.8	95.5	95.4	96.9	97.0	97.4	97.8	98.0	98.0	98.2
总部设在辖区内的期货公司数	63.2	65.9	67.9	68.7	69.5	71.4	71.8	72.4	73.3	78.4
年末境内上市公司数	54.3	58.6	59.6	62.4	64.0	65.0	65.1	65.7	66.1	80.0
当年境内股票（A 股）筹资额	81.2	71.1	75.4	74.0	66.5	66.9	57.3	64.0	66.7	73.1
当年发行 H 股筹资额	86.9	80.7	73.1	52.7	86.3	87.2	87.8	29.0	76.1	—
当年境内债券筹资额	81.0	83.7	79.9	74.1	75.7	72.6	70.3	71.2	64.4	55.0

资料来源：CNKI 中国经济社会发展统计数据库，经整理得到。

4.1.1.4　东部地区金融发展评价

综上所述，近年来东部地区金融发展水平稳步提升，金融业占全国比重远高于中、西部地区。从金融业的三大组成部分看，银行业、保险业和证券业发展较为均衡，金融结构更为合理。

从时间维度看，近十年来东部地区银行业、保险业和证券业均取得迅猛发展。银行业从业人员、营业网点和资产规模持续扩大,存贷款余额、城乡居民人民币储蓄余额逐年提升。世界金融危机以来,社会融资规模增长较快。保险业发展较银行业更为迅速,保费收入总体呈上升态势,但平均增速波动较大。东部地区证券业在三大区域中占有绝对主体地位,近十年来除股票筹资额和债券筹资额全国占比略有下滑外,其他各项指标均有所提升,其中总部设在辖区内的基金公司数量全国占比高达 98%。

从横向对比看,东部地区各省份金融业发展水平差距较大,内部发展不均衡现象较为突出。北京、上海、江苏、浙江和广东等省份金融业发展处于第一梯队,河北、海南和福建等省份金融业发展相对落后。

东部地区金融业取得较快发展的同时,也存在以下问题:第一,直接融资比重虽有所上升,但间接融资依旧占据主导地位;第二,金融业增速总体呈下滑态势,金融危机后波动幅度加剧;第三,金融业占国民经济比重提升过程中,呈现金融服务实体经济能力下滑、金融空转现象显现、金融边际效益趋弱等态势。

4.1.2 中部地区金融发展演化及评价

4.1.2.1 中部地区银行业发展演化

(1)中部地区银行业总体发展概述。

近年来,中部地区金融业发展总体呈现加快趋势,银行业资产规模、存款、贷款等主要指标增速领先于其他地区,金融体量占全国比重有所提高。银行业机构运营总体稳健,不良贷款率有所下降。

截至 2016 年末,区域内银行业资产总额 312170 亿元、金融机构网点数量 53044 个、从业人数 817466 人(见表 4.5),较 2015 年分别增长 1.9%、2.0% 和 15.4%,占全国的比重同比分别提高 0.2 个、0.4 个和 0.3 个百分点。

(2)中部地区存贷款余额。

伴随东部地区产业转移,近年来中部地区社会经济取得了长足发展,区域经济增速明显加快,与此同时区域存贷款规模迅速扩大。2000 年以来,中部地区各省份存贷款余额实际值（按不变价格）呈现逐年增长态势，2008 年后，存贷款余额增速明显加快，2015 年中部地区各省份存贷款余额同比 2008 年均实现翻番（见图 4.7）。

表 4.5   2015 年和 2016 年中部地区银行业金融机构概况

年份	资产总额（亿元）	网点数量（个）	从业人数（人）
2015	270533	52069	801315
2016	312170	53044	817466

注：各地区金融机构营业网点不包括国家开发银行等政策性银行、大型商业银行、股份制商业银行等金融机构总部数据。

资料来源：中国人民银行上海总部、各分行、营业管理部、省会（首府）城市中心支行。

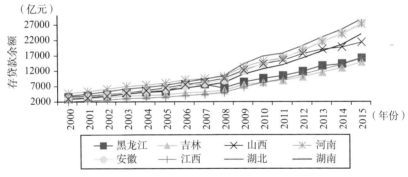

图 4.7   中部地区各省份存贷款余额走势

注：存贷款余额均为经调整后的实际值（1990 年为基准）。

资料来源：中国人民银行上海总部、各分行、营业管理部、省会（首府）城市中心支行。

横向对比看，湖北、安徽和河南存贷款余额处于第一梯队，湖南、山西、黑龙江、江西和吉林处于第二梯队。

2000 年，中部地区整体存贷款余额为 25971 亿元，经过十余年高速增长，截至 2015 年末，中部地区整体存贷款余额达到 175155 亿元，累计增长 5.7 倍（见图 4.8）。与东部地区相比，中部地区无论存贷款余额绝对值抑或是存贷款余额增速均逊色不少。2010 年以来，随着中部地区经济增速提升，中部地区存贷款余额增速已超越东部地区，呈现加速增长态势。

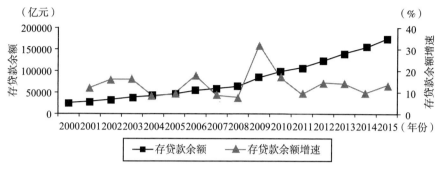

图 4.8　中部地区存贷款余额及增速走势

注：存贷款余额均为经调整后的实际值（1990 年为基准）。

资料来源：中国人民银行上海总部、各分行、营业管理部、省会（首府）城市中心支行。

存款方面，近年来中部地区银行业本外币存款余额增速高于东、西部地区，促进全国存款余额加快增长，中部地区本外币各项存款余额占全国比重有所提升。随着中部地区经济基本面企稳向好，地方政府财政支出及债券发行力度逐年加大，各类企业资金面有所改善，非金融企业活期存款占比增加。

贷款结构方面，中部地区贷款行业集中度进一步下降，高能耗行业中长期贷款余额占全部中长期贷款的比重逐步下滑。小微企业、民生领域贷款余额同比增幅高于各项贷款平均增速。近年来，中部地区多地金融支持"三去一降一补"工作取得初步效果。

（3）中部地区城乡居民储蓄余额。

中部地区各省份多为资源或人口大省，受历史原因和政策因素影响，中部地区居民富裕程度远低于东部地区。其中，河南因人口基数大，城乡居民人民币储蓄余额明显高于其他省份，在区域城乡居民人民币储蓄余额排序中位列第一梯队；湖北、湖南、山西和安徽位居第二梯队；黑龙江、江西和吉林三省城乡居民人民币储蓄余额相对较低（见图 4.9）。即便如此，中部地区各省城乡居民人均人民币储蓄余额却差距不大，吉林、黑龙江、湖北等省份人均人民币储蓄余额略高于其他省份。

绝对值方面，2002 年以来中部地区城乡居民人民币储蓄余额呈逐年上升趋势，由 2002 年的 2.0 万亿元增长至 2014 年的 11.5 万亿元，2002~2014 年储蓄余额增长近 3.8 倍，增速较东部地区高 0.4 倍。环比增速看，中部地区

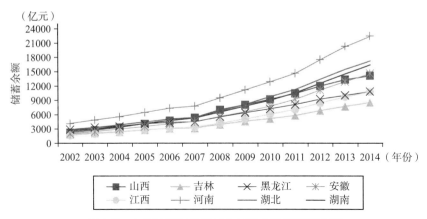

图 4.9　中部地区各省份城乡居民人民币储蓄余额

资料来源：中国人民银行。

城乡居民人民币储蓄余额增速呈现两阶段走势。第一阶段为 2002～2007 年，此阶段储蓄余额增速整体呈环比下滑态势；第二阶段为 2008 年至今，城乡居民人民币储蓄余额在 2008 年出现明显反弹，表明在世界金融危机影响下，受国家货币政策和居民投资意愿双重影响，中部地区城乡居民人民币储蓄意愿出现明显回升，其后则再次出现环比增幅逐年下滑之势（见图 4.10）。

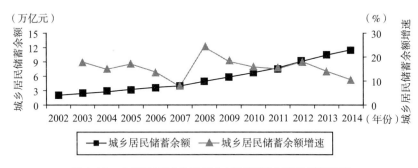

图 4.10　中部地区城乡居民人民币储蓄余额及增速趋势

资料来源：中国人民银行。

（4）中部地区社会融资规模。

2016 年，中部地区社会融资规模增量为 33892 亿元，较 2015 年多增

5302 亿元，占全国社会融资规模的比重同比继续提升。分项看，本外币人民币贷款增加 2.6 万亿元，同比多增 1320 亿元，仍是社会融资规模的主体。企业债券融资 3692 亿元，较 2015 年减少 66 亿元；非金融企业股票融资 2044 亿元，同比多增 1042 亿元，增幅逾 1 倍；企业债券和非金融企业股票融资合计占地区社会融资规模的比重为 16.9%，同比提高 0.3 个百分点。

中部地区非金融企业股票融资近年来增长迅猛，直接融资发展取得积极成效。表 4.6 数据显示，2013 年以来，中部地区非金融企业境内股票融资 2013～2016 年增长了近 3 倍，各省份积极探索通过股票融资市场促进企业"去杠杆"的路径。

表 4.6　　　　　**2013～2016 年中部地区社会融资规模**　　　　单位：亿元

项目	2013 年	2014 年	2015 年	2016 年
社会融资规模	34043	33549	28590	33892
其中：本外币人民币贷款	18201	20627	24891	26211
债券	3506	4481	3758	3692
非金融企业境内股票融资	574	734	1002	2044

资料来源：中国人民银行、国家发展改革委、中国证监会、中国保监会、中央国债登记结算有限责任公司和银行间市场交易商协会等。

4.1.2.2　中部地区保险业发展演化

整体上看，中部地区保险业发展相对缓慢，发展水平远不及东部地区，保险公司数量与西部地区相比亦有所不及。截至 2016 年，中部地区保险公司总部及分支设在辖区内的公司数量分别为 7 家和 359 家；保费收入 5679 亿元，同比增长 23.5%，增速较 2015 年提高 0.8 个百分点；其中财产险保费收入 1580 亿元，人身险保费收入 4099 亿元，人身险和财产险保费收入同比分别增长 28% 和 13.1%（见表 4.7）。中部地区保费收入的快速增长，有助于增强区域风险分担和民生保障功能。2016 年，中部地区全年保险赔付支出 2039 亿元，同比增长 23%，增速在各地区中处于领先位置，对地方经济发展的保障作用进一步增强。

表4.7 2016年中部地区保险机构及保费收入支出情况

序号	项目	数量/金额
1	总部设在辖区内的保险公司数（家）	7
1.1	财产险经营主体（家）	5
1.2	人身险经营主体（家）	2
2	辖区内保险公司分支机构（家）	359
2.1	财产险公司分支机构（家）	163
2.2	人身险公司分支机构（家）	196
3	保费收入（亿元）	5679
3.1	财产险保费收入（亿元）	1580
3.2	人身险保费收入（亿元）	4099
4	赔付支出（亿元）	2039

资料来源：中国保监会网站及各省（自治区、直辖市）保监局，经整理得到。

分省份看，河南原保险保费收入超过1200亿元，在中部地区显得尤为突出；其他各省份原保险保费收入介于400亿～800亿元之间，地区间差距较小。2007年以来，中部地区各省原保险保费收入发展经历了三个阶段：第一阶段为2007～2010年，本阶段各省原保险保费收入呈快速增长态势；第二阶段为2011～2013年，此阶段原保险保费收入增长缓慢；第三阶段为2014～2016年，此阶段各省份原保险保费收入再次呈现快速增长趋势（见图4.11）。

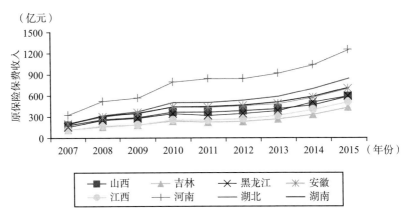

图4.11 中部地区各省份原保险保费收入走势

资料来源：中国保监会网站及各省（自治区、直辖市）保监局，经整理得到。

图 4.12 显示，2007～2015 年中部地区原保险保费收入增速呈先降后升运行态势，2008 年原保险保费收入增速高达 53.8%，而 2011 年原保险保费收入增速为 0.12%。

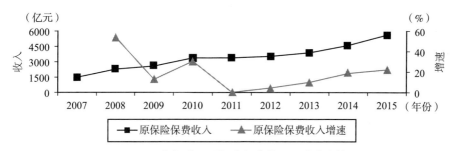

图 4.12 中部地区原保险保费收入及增速趋势

资料来源：中国保监会网站及各省（自治区、直辖市）保监局，经整理得到。

4.1.2.3 中部地区证券业发展演化

近年来，中部地区证券业稳步发展。辖区内证券公司和期货公司数量占全国比重略有下降，全国占比与西部地区基本持平。2007 年以来，中部地区各类证券公司数量占比小幅减少，证券公司数量和期货公司数量全国占比分别由 2007 年的 12.4% 和 12.9% 减少为 10.5% 和 10.4%；截至 2016 年，总部设在辖区内的证券公司数和期货公司数分别为 12 家和 14 家，而总部设在辖区内的基金公司数量仍未取得突破；截至 2016 年，中部地区境内外上市公司分别为 421 家和 77 家，境内上市公司占全国比重为 14.5%。

证券市场融资额方面，中部地区境内股票（A 股）筹资额逐年增加，而筹资额全国占比较为稳定，截至 2016 年，中部地区境内股票（A 股）筹资额 2138 亿元，约为东部地区的 1/5。2007～2016 年，中部地区当年境内股票（A 股）筹资额占全国比重虽有所波动，但总体占比接近 11%。与东部地区类似，中部地区当年发行 H 股筹资额占全国比重波动较大，但多数年份均超过 10%。2007～2016 年，中部地区当年境内债券筹资额占全国比重呈宽幅波动态势，近 5 年占比有所提升，2016 年达到创纪录的 24.7%，可见，中部地区境内债券筹资额占比明显提升（见表 4.8）。

表 4.8   **2007～2016 年中部地区证券公司数量及筹资额占全国比重**   单位：%

项目	2007年	2008年	2009年	2010年	2011年	2012年	2013年	2014年	2015年	2016年
总部设在辖区内的证券公司数	12.4	11.2	11.3	11.1	10.8	10.5	10.4	10.0	9.6	10.5
总部设在辖区内的基金公司数	0.0	0.0	0.0	0.0	0.0	0.0	0.0	0.0	0.0	0.0
总部设在辖区内的期货公司数	12.9	12.3	11.9	11.7	10.6	10.6	10.3	9.9	10.0	10.4
年末境内上市公司数	17.2	15.9	16.1	15.2	15.2	14.9	14.7	14.3	14.3	14.5
当年境内股票（A股）筹资额	5.5	11.5	11.6	11.5	12.4	11.6	14.9	12.5	10.3	12.9
当年发行 H 股筹资额	8.1	3.0	5.1	15.5	13.8	3.8	9.1	0.7	14.2	—
当年境内债券筹资额	11.3	6.7	9.4	11.0	2.6	10.8	13.3	10.7	15.2	24.7

资料来源：CNKI 中国经济社会发展统计数据库，经整理得到。

4.1.2.4 中部地区金融发展评价

总体上看，中部地区金融业取得了长足发展，多层次资本市场建设积极推进，保险业经济补偿和民生保障功能增强；社会融资规模增长较快，直接融资快速发展。

从时间维度看，伴随着经济的持续较快发展，中部地区银行业、保险业和证券业亦呈现稳步发展态势，有效促进了产业结构转型升级。其中，保险业和证券业在基础较为薄弱情况下，取得了较为显著的发展。从横向对比看，中部地区各省份金融业发展水平差距较小，地区间各项金融指标绝对值与增速均更为均衡。

中部地区金融业取得较快发展的同时，存在问题表现如下：第一，融资结构不够合理，间接融资比重居高不下；第二，金融业在经济运行中的作用仍然十分薄弱，对经济增长的支撑作用有待提升；第三，直接融资额全国占比依旧较低，个别金融指标如基金公司数量尚未实现零的突破；第四，债券融资占比大幅提升，尤其是政府债券发行量增长迅猛，债务风险有加大趋势。

4.1.3 西部地区金融发展演化及评价

4.1.3.1 西部地区银行业发展演化

（1）西部地区银行业总体发展概述。

近年来，西部地区金融业平稳运行，银行业金融机构保持稳定扩张态势，资产规模稳步增长。各项存款平稳增长,新增活期存款占比较高;各项贷款增长趋缓,金融支持重点领域和薄弱环节力度不断加大。信用风险暴露仍在持续,不良贷款率有所上升,新增不良贷款放缓。

表 4.9 中数据显示,截至 2016 年末,区域内银行业资产总额 379404 亿元、金融机构网点数量 60418 个、从业人数 927464 人,较 2015 年分别增长12.19%、2.10% 和 2.23%。各省份银行业发展差异较大,四川、陕西、重庆、云南发展较快,其银行业机构资产规模占西部地区的 55.4%。其中,四川银行业机构营业网点数量和资产总额均处于西部地区前列,占地区的比重均超过 20%。

表 4.9 **2015 年和 2016 年西部地区银行业金融机构概况**

年份	资产总额(亿元)	网点数量(个)	从业人数(人)
2015	338182	59176	907243
2016	379404	60418	927464

注:各地区金融机构营业网点不包括国家开发银行等政策性银行、大型商业银行、股份制商业银行等金融机构总部数据。

资料来源:中国人民银行上海总部、各分行、营业管理部、省会(首府)城市中心支行。

(2)西部地区存贷款余额。

西部大开发战略向纵深推进,东部产业转移和"一带一路"倡议实施助推西部地区社会经济发展,人民收入大幅提升,区域存贷款规模迅速扩大。西部地区银行业机构本外币各项存款余额稳步增长,非金融企业活期存款逐年增加;西部地区本外币各项贷款余额稳步提高,受投资增长及住房消费贷款等推动,西部地区中长期贷款增速有所加快,信贷结构持续优化。西部地区小微企业贷款余额、涉农贷款余额领先于各地区同类贷款平均增速;下岗失业人员、助学贷款、保障房开发、金融精准扶贫等民生领域贷款余额稳步增长。

2000 年以来,西部地区各省份存贷款余额实际值(按不变价格)呈现逐年增长态势,2008 年呈加速增长态势。横向对比看,四川得益于经济高速增长及人口基数大,存贷款余额明显高于其他省份,位居西部第一梯队;云南、陕西、重庆、甘肃、新疆和贵州存贷款余额处于第二梯队;宁夏、青海和西藏因人口规模小、经济发展相对落后，地区存贷款余额排名靠后（见图4.13）。

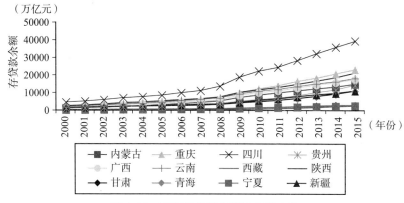

图 4.13　西部各省份存贷款余额走势

注：存贷款余额均为经调整后的实际值（1990 年为基准）。
资料来源：中国人民银行上海总部、各分行、营业管理部、省会（首府）城市中心支行。

2000 年，西部地区整体存贷款余额仅为 20379 亿元，2015 年则增至 179868 亿元，累计增长 7.8 倍（见图4.14）。可见，西部地区存贷款余额绝对值和增速均已超过中部地区；与东部相比，增速持平但绝对额仍有不小差距。

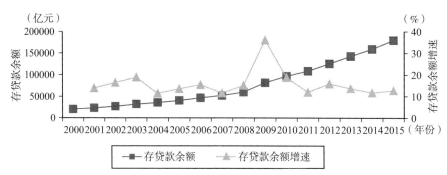

图 4.14　西部地区存贷款余额及增速走势

注：存贷款余额均为经调整后的实际值（1990 年为基准）。
资料来源：中国人民银行上海总部、各分行、营业管理部、省会（首府）城市中心支行。

（3）西部地区城乡居民储蓄余额。

西部地区是我国少数民族较为集中的地区，受自然资源贫乏、气候条件恶劣及交通条件差等因素制约，区域经济发展相对落后，居民收入水平远低于东部地区。与中部地区相比，西部地区各省份经济发展水平差异更大，城乡居民储蓄余额分化十分突出。图4.15显示，四川城乡居民储蓄余额位居西部第一，远高于其他省份；其次为陕西、重庆、广西、云南、内蒙古、甘肃、贵州和新疆；而宁夏、青海和西藏处于第三梯队。

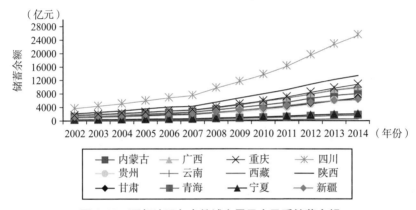

图4.15 西部地区各省份城乡居民人民币储蓄余额

资料来源：中国人民银行。

从城乡居民人均人民币储蓄余额看，重庆市城乡居民人民币储蓄余额明显高于其他省份，内蒙古、四川及宁夏等省区紧随其后，而广西、云南、贵州和西藏等省区城乡居民人民币储蓄余额相对较低。

绝对值方面，图4.16数据显示，2002～2014年西部地区城乡居民人民币储蓄余额逐年提高，由15265亿元增至100990亿元，2002～2014年储蓄余额增长6.6倍，增速高于东、中部地区。环比增速看，与东、中部地区类似，西部地区城乡居民人民币储蓄余额增速呈现两阶段走势：第一阶段为2002～2007年，此阶段储蓄余额增速整体呈环比下滑态势；第二阶段为2008年至今，城乡居民人民币储蓄余额在2008年出现明显反弹，表明在世界金融危机影响下，受国家货币政策和居民投资意愿双重影响，西部地区城乡居民人民币储蓄意愿出现明显回升，其后则再次出现环比增幅逐年下滑之势。

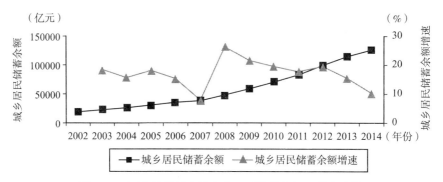

图 4.16　西部地区城乡居民人民币储蓄余额及增速趋势

资料来源：中国人民银行。

（4）西部地区社会融资规模。

表 4.10 数据显示，2016 年，西部地区社会融资规模增量为 30963 亿元，较 2015 年少增 1574 亿元，占全国社会融资规模的比重同比继续下滑。分项看，本外币人民币贷款增加 24785 亿元，同比多增 517 亿元，本外币人民币贷款仍是社会融资规模的主体。企业债券融资 2940 亿元，较 2015 年减少近 2000 亿元；非金融企业股票融资 1438 亿元，同比多增 315 亿元；企业债券和非金融企业股票融资合计占地区社会融资规模的比重为 14.1%，同比降低 4.4 个百分点。可见，西部地区社会融资仍然以债务融资为主，股权融资等直接融资为辅。尽管如此，西部地区非金融企业股票融资近年来增长迅猛，直接融资发展取得积极成效。2013～2016 年，西部地区非金融企业境内股票融资增长了近 1 倍，通过股票融资市场促进企业"去杠杆"取得了一定成效。

表 4.10　　　　　　　　2013～2016 年西部地区社会融资规模　　　　　　单位：亿元

项目	2013 年	2014 年	2015 年	2016 年
社会融资规模	37899	38844	32537	30963
其中：本外币人民币贷款	21309	23853	24268	24785
债券	3231	5716	4911	2940
非金融企业境内股票融资	746	677	1123	1438

资料来源：中国人民银行、国家发展改革委、中国证监会、中国保监会、中央国债登记结算有限责任公司和银行间市场交易商协会等。

4.1.3.2 西部地区保险业发展演化

整体上看，西部地区保险业发展水平相对较低，距东部地区尚有较大差距，与中部地区发展水平相近。其中，保险公司数量与中部地区相比还有一定优势。截至 2016 年，西部地区保险公司总部及分支设在辖区内的公司数量分别为 12 家和 500 家；保费收入 5808 亿元，比 2015 年增长 23.5%，增速较 2015 年提高 4.6 个百分点；其中财产险保费收入 1864 亿元，人身险保费收入 3944 亿元，人身险和财产险保费收入同比分别增长 9.8% 和 34.5%（见表 4.11）。西部地区保费收入快速增长，对增强区域风险分担和民生保障功能有一定促进作用。2016 年，西部地区全年保险赔付支出 2022 亿元，同比增长 19.1%，增速较 2015 年略有放缓。

表 4.11　　　　　　　2016 年西部地区保险机构及保费收入支出情况

序号	项目	数量/金额
1	总部设在辖区内的保险公司数（家）	12
1.1	财产险经营主体（家）	10
1.2	人身险经营主体（家）	2
2	辖区内保险公司分支机构（家）	500
2.1	财产险公司分支机构（家）	282
2.2	人身险公司分支机构（家）	218
3	保费收入（亿元）	5808
3.1	财产险保费收入（亿元）	1864
3.2	人身险保费收入（亿元）	3944
4	赔付支出（亿元）	2022

资料来源：中国保监会网站及各省（自治区、直辖市）保监局，经整理得到。

分省份看，四川原保险保费收入超过 1200 亿元，在西部地区一枝独秀；其他各省份原保险保费收入均为超过 600 亿元；宁夏、青海和西藏原保险保费收入居于第三梯队。2007 年以来，西部地区各省份原保险保费收入发展经历了三个阶段：第一阶段为 2007～2010 年，本阶段各省份原保险保费收入呈快速增长态势；第二阶段为 2011～2013 年，此阶段原保险保费收入增长缓慢；第三阶段为 2014～2016 年，此阶段各省份原保险保费收入再次呈现快速增长趋势（见图 4.17）。

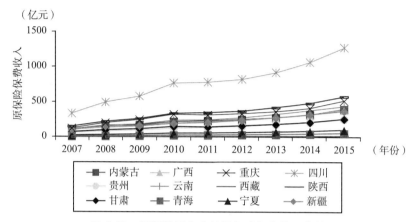

图 4.17　西部地区各省份原保险保费收入走势

资料来源：中国保监会网站及各省（自治区、直辖市）保监局，经整理得到。

图 4.18 显示，2007～2015 年西部地区原保险保费收入增速呈先降后升运行态势，2008 年原保险保费收入增速高达 45.2%，而 2011 年原保险保费收入增速降为 2.7%，此后增速逐年提高。

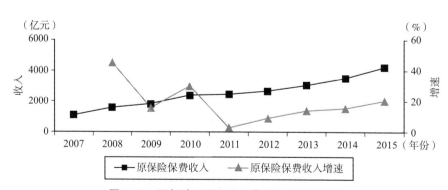

图 4.18　西部地区原保险保费收入及增速趋势

资料来源：中国保监会网站及各省（自治区、直辖市）保监局，经整理得到。

4.1.3.3 西部地区证券业发展演化

近年来，西部地区证券业发展较为平稳，企业股权融资增长较快。辖区内证券公司和基金公司数量占全国比重略有下降，期货公司占比基本持平。各类公司全国占比与东部相比仍有较大差距，略高于中部地区。

2007 年以来，西部地区各类证券公司数量占比小幅减少，证券公司数量和基金公司数量全国占比分别由 2007 年的 21.3% 和 6.3% 减少为 15.8% 和 1.8%；期货公司占全国比重波动较小。截至 2016 年，总部设在辖区内的证券公司数、基金公司和期货公司数分别为 18 家、2 家和 15 家；截至 2016 年，西部地区境内外上市公司分别为 432 家和 31 家，境内上市公司占全国比重为 14.9%。

证券市场融资额方面，西部地区境内股票（A 股）筹资额波动较大，筹资额全国占比略有提高。截至 2016 年，西部地区境内股票（A 股）筹资额 2313 亿元，略高于中部地区，约为东部地区的 1/5。2007 ~ 2016 年，西部地区当年境内股票（A 股）筹资额占全国比重虽有所波动，但总体呈上升趋势，2013 年达到创纪录的 24.7%。比较而言，西部地区当年发行 H 股筹资额占全国比重波动更大，2010 年西部地区发行 H 股筹资额占全国比重曾高达 27.8%，但多数年份均未超过 10%。2007 ~ 2016 年，西部地区当年境内债券筹资额占全国比重总体上亦呈逐年上升态势，截至 2016 年达到创纪录的 20.3%，可见，西部地区境内债券筹资额占比明显提升（见表 4.12）。

表 4.12　　　　2007 ~ 2016 年西部地区证券公司数量及筹资额全国占比　　　单位：%

项目	2007年	2008年	2009年	2010年	2011年	2012年	2013年	2014年	2015年	2016年
总部设在辖区内的证券公司数	21.3	16.8	17.0	16.7	16.2	15.8	15.7	15.0	16.0	15.8
总部设在辖区内的基金公司数	6.3	4.5	4.6	3.1	3.0	2.6	2.2	2.0	2.0	1.8
总部设在辖区内的期货公司数	11.0	11.2	11.3	11.0	11.2	9.9	10.2	10.5	10.7	11.2
年末境内上市公司数	20.0	18.3	17.7	16.4	15.2	14.6	14.7	14.5	14.3	14.9
当年境内股票（A 股）筹资额	8.5	14.9	12.3	10.1	13.0	17.1	24.7	19.5	18.6	14.0
当年发行 H 股筹资额	4.7	9.9	20.9	27.8	11.1	9.0	3.1	6.6	4.3	—
当年境内债券筹资额	5.9	6.4	6.5	11.4	9.7	12.4	12.8	14.3	16.9	20.3

资料来源：CNKI 中国经济社会发展统计数据库，经整理得到。

4.1.3.4　西部地区金融发展评价

近年来，西部地区金融业平稳运行，银行业金融机构继续保持稳定扩张态势，资产规模稳步增长。保险业取得较快发展，证券业全国占比较金融危机前稳步提升，资本市场对实体经济融资的支持作用进一步凸显。保险行业经济补偿和民生保障功能增强。

从时间维度看，在西部大开发和产业梯度转移效应叠加作用下，西部地区银行业、保险业和证券业亦呈现稳步发展态势，金融业持续健康发展对经济增长和民生改善起到重要支撑作用。证券业全国占比低于东部地区，但整体上略好于中部地区。从横向对比看，西部地区各省份金融业发展水平差距较大，呈现明显的梯度发展格局。

近年来，西部地区金融业发展主要存在如下问题：第一，融资结构有待改善，直接融资比例有待提升；第二，金融业对经济发展的作用有待提升，对民营经济和农村地区经济发展作用尚不明显；第三，直接融资额全国占比有所提升，但波动明显；第四，地方债券融资额增长较快，政策性金融占比水平较高，债务风险提升。

4.2　我国东、中、西部地区城镇化发展演化及评价

衡量新型城镇化的指标很多，例如，熊湘辉、徐璋勇（2015）采用人口城镇化、产业城镇化和空间城镇化指标测定我国城镇化发展水平指数。城镇化的核心是农村人口转移到城镇，完成农民到市民的转变，而不仅仅是城镇建设。新型城镇化的发展注重城乡的协调发展、产业布局以及空间分布的合理性，特别强调可持续发展的理念。因此，本研究遵循新型城镇化涉及的人口城镇化、产业城镇化、空间城镇化的特点，按照全面系统性、科学性、针对性的原则，采用以城镇人口、非农产业和地理空间为导向的人口城镇化率、产业城镇化率和空间城镇化率三个指标分析东、中、西部地区城镇化发展。

4.2.1 东部地区城镇化发展演化及评价

4.2.1.1 人口城镇化发展演化

由表 4.13 可知，东部地区多数省份人口城镇化率已达到或接近发达国家城镇化水平，其中三个直辖市北京、上海和天津人口城镇化率均超过 80%，人口城镇化率相对较低省份为山东、海南和河北，三地城镇化率均未达到 60%，人口城镇化率尚有较大提升空间。

表 4.13　　　　　　　　**2005～2015 年东部地区人口城镇化率指标**

省份	2005 年	2006 年	2007 年	2008 年	2009 年	2010 年	2011 年	2012 年	2013 年	2014 年	2015 年
北京	83.6	84.3	84.5	84.9	85.0	85.9	86.2	86.2	86.3	86.3	86.5
天津	75.1	75.7	76.3	77.2	78.0	79.6	80.4	81.5	82.0	82.3	82.6
河北	37.7	38.8	40.3	41.9	43.7	44.5	45.6	46.8	48.1	49.3	51.3
辽宁	58.7	59.0	59.2	60.0	60.4	62.1	64.0	65.6	66.4	67.0	67.4
山东	45.0	46.1	46.7	47.6	48.3	49.7	50.9	52.4	53.8	55.0	57.0
上海	89.1	88.7	88.7	88.6	88.6	89.3	89.3	89.3	89.6	89.6	87.6
江苏	50.5	51.9	53.2	54.3	55.6	60.6	61.9	63.0	64.1	65.2	66.5
浙江	56.0	56.5	57.2	57.6	57.9	61.6	62.3	63.2	64.0	64.9	65.8
广东	60.7	63.0	63.1	63.4	63.4	66.2	66.5	67.4	67.8	68.0	68.7
福建	49.4	50.4	51.4	53.0	55.1	57.1	58.1	59.6	60.8	61.8	62.6
海南	45.2	46.1	47.2	48.0	49.2	49.8	50.5	51.5	52.7	53.8	55.1
东部整体	53.6	54.9	55.7	56.7	57.6	60.0	61.0	62.2	63.1	63.9	65.0

注：人口城镇化率＝城镇常住人口/全域常住人口×100%（下同）；2000 年、2001 年人口为当年人口普查推算数，其余年份人口为年度人口抽样调查推算数据，2005 年起各地区人口数据为常住人口口径。

资料来源：国家统计局，经整理计算得到。

由图 4.19 可见，2005 年以来，东部地区人口城镇化率稳步提高，人口城镇化率已由 53.6% 升至 65.0%，年均提高逾 1 个百分点。

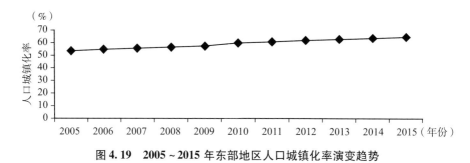

图 4.19　2005～2015 年东部地区人口城镇化率演变趋势

资料来源：国家统计局历年《中国统计摘要》，经整理得到。

　　城镇化发展是一个缓慢、加速、再减慢的过程，整个过程呈一条被稍微拉平的 S 形曲线。数据表明，东部地区人口城镇化指标衡量的城镇化进程已发展到较高水平，人口向城镇转移速度和空间将逐步缩小。但区域内各省份人口城镇化率差距较大，城镇化率最高的上海与最低的海南相差近 30 个百分点。表明东部区域各省份人口城镇化发展水平极不均衡。值得注意的是，东部发达地区人口城镇化指标中，常住人口有部分为域外迁入人口，此部分人口多数流入东部城镇地区，客观上提升了东部地区人口城镇化指标，实际城镇化水平可能略低于指标值。

4.2.1.2　产业城镇化发展演化

　　表 4.14 展示了东部地区各省份 2005～2015 年产业城镇化率演变趋势。与人口城镇化率相似，东部地区中直辖市产业城镇化率仍处于领先水平，上海、北京和天津产业城镇化率均超过 97%；海南、河北产业城镇化率排名则相对靠后，其中海南省产业城镇化率排名全国末位，截至 2015 年地区产业城镇化率仍低于 80%。

　　图 4.20 显示，东部地区整体产业城镇化率自 2005 年以来呈逐年攀升走势，其中，2005～2010 年产业城镇化率提升速度较快，而 2011 年后增速则有所放缓。相比中、西部地区，东部地区产业城镇化率遥遥领先。2005～2015 年东部地区单位建成区面积非农产值由 6.5 亿元/平方千米提升至 14.3 亿元/平方千米，表明地区城镇经济发展水平和人口密度较高，城镇土地集约利用水平高于其他区域。

表 4.14   2005～2015 年东部地区产业城镇化率   单位: %

省份	2005 年	2006 年	2007 年	2008 年	2009 年	2010 年	2011 年	2012 年	2013 年	2014 年	2015 年
北京	98.8	98.9	99.0	99.0	99.0	99.1	99.2	99.2	99.2	99.3	99.4
天津	97.1	97.7	97.9	98.2	98.3	98.4	98.6	98.7	98.7	98.7	98.7
河北	86.0	87.3	86.7	87.3	87.2	87.4	88.1	88.0	88.1	88.3	88.5
辽宁	89.0	89.9	89.8	90.5	90.7	91.2	91.4	91.3	91.9	92.0	92.9
山东	89.3	90.2	90.3	90.3	90.5	90.8	91.2	91.4	91.7	91.9	92.1
上海	99.0	99.1	99.2	99.2	99.2	99.3	99.3	99.4	99.4	99.4	99.6
江苏	92.1	92.9	93.0	93.2	93.4	93.9	93.8	93.7	94.2	94.4	94.3
浙江	93.3	94.1	94.7	94.9	95.0	95.1	95.2	95.4	95.3	95.6	95.7
广东	93.7	94.2	94.7	94.6	94.9	95.0	95.1	95.2	95.2	95.3	95.4
福建	87.4	88.6	89.2	89.3	90.3	90.7	90.8	91.0	91.4	91.6	91.8
海南	67.3	70.4	71.9	71.7	72.7	73.9	74.5	75.7	76.8	76.9	76.9
东部整体	92.2	92.9	93.1	93.1	93.3	93.6	93.7	93.7	93.9	94.1	94.3

注: 产业城镇化率 = 非农产业增加值/GDP (下同)。

资料来源: 国家统计局, 经整理计算得到。

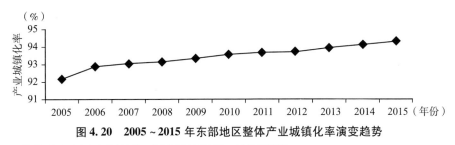

图 4.20   2005～2015 年东部地区整体产业城镇化率演变趋势

资料来源: 国家统计局历年《中国统计摘要》, 经整理得到。

4.2.1.3   空间城镇化发展演化

2005 年以来, 东部地区各省份空间城镇化率总体呈上升趋势。其中, 海南、福建、江苏和天津增速相对较快, 空间城镇化率提高逾 60%; 北京、上海两市空间城镇化水平明显高于区域内其他省份, 但其空间城镇化率 2005～2015 年间仅分别提高 16.8% 和 25.7%, 增速相对缓慢。东部地区各省份空间城镇化演化详见表 4.15。

表 4.15　　　　　　　　2005～2015 年东部地区空间城镇化演化　　　　单位：%

省份	2005 年	2006 年	2007 年	2008 年	2009 年	2010 年	2011 年	2012 年	2013 年	2014 年	2015 年
北京	7.3122	7.6412	7.8545	7.9885	8.2262	7.8606	7.5013	7.6841	7.9581	8.4456	8.5370
天津	4.4463	4.5313	4.8639	5.4507	5.6293	5.7649	5.9663	6.0586	6.2684	6.6879	7.4264
河北	0.7011	0.7550	0.7853	0.8141	0.8407	0.8631	0.8977	0.9265	0.9521	0.9766	1.0357
辽宁	1.2068	1.2654	1.3092	1.3216	1.3723	1.5007	1.5385	1.5736	1.6122	1.6365	1.6635
山东	1.7039	1.8425	1.9615	2.0754	2.1473	2.2690	2.3873	2.4544	2.6517	2.7866	2.9189
上海	12.532	13.563	13.973	14.572	15.171	15.755	15.755	15.756	15.756	15.757	15.755
江苏	2.3097	2.5078	2.6350	2.8194	2.9688	3.1881	3.4055	3.5624	3.7135	3.7500	3.9076
浙江	1.6471	1.7098	1.8147	1.9010	1.9971	2.0914	2.1817	2.2554	2.3566	2.4450	2.5452
广东	2.0106	2.0589	2.2689	2.2961	2.4659	2.5682	2.6856	2.7983	2.9115	3.0038	3.1346
福建	0.5544	0.6425	0.6746	0.7224	0.7570	0.8540	0.9113	0.9702	1.0185	1.0694	1.1403
海南	0.5487	0.5572	0.5770	0.5798	0.6081	0.6251	0.6732	0.7524	0.8372	0.8570	0.9560
东部整体	1.5780	1.6697	1.7697	1.8407	1.9287	2.0242	2.1069	2.1815	2.2778	2.3574	2.4588

注：空间城镇化率 = 建成区面积/地区土地面积（下同）。
资料来源：国家统计局历年《中国统计摘要》，经整理计算得到。

图 4.21 显示，2005～2015 年东部地区空间城镇化率由 1.58% 提高到 2.46%，增幅高达 55.82%。空间城镇化率曲线表明，东部地区空间城镇化率逐年稳步提升，空间城镇化速度较为均衡。

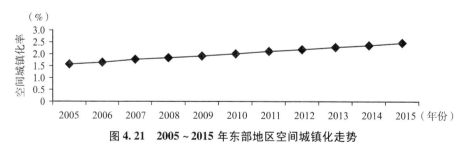

图 4.21　2005～2015 年东部地区空间城镇化走势

资料来源：国家统计局历年《中国统计摘要》，经整理得到。

4.2.1.4　东部地区城镇化发展评价

综上所述，东部地区城镇化发展水平较高，其人口城镇化率、产业城镇化率和空间城镇化率等三大指标均明显高于中西部地区。从城镇化发展协调程度看，2005 年以来东部地区人口城镇化率指标提升幅度为 21.16%，空间城镇化率指标提升幅度高达 55.82%，空间城镇化速度与人口城镇化速度比达到 2.64，远高于国际公认的合理值 1.12（刘法威、许恒周、王姝，2014）；表明东部地区空间城镇化速度快于人口城镇化速度，空间城镇化与人口城镇化进程存在一定程度的背离；东部地区产业城镇化率指标提升幅度仅为 2.30%，表明东部地区产业城镇化水平达到较高水平后，第二、第三产业增加值衡量的产业城镇化发展空间有限，产业发展更多集中于第二、第三产业的内部结构调整，产业结构逐渐高级化发展；从建成区人口密度指标看，东部地区建成区城镇常住人口密度为 1.62 万人/平方千米，略低于中西部地区；与世界发达城市比较，东部地区建成区城镇常住人口密度略低于巴黎（2.17 万人/平方千米）和首尔（2.71 万人/平方千米），但远高于东京（1.54 万人/平方千米）、新加坡（1.36 万人/平方千米）和伦敦（0.99 万人/平方千米）。①可见，东部地区空间城镇化速度虽高于人口城镇化和产业城镇化速度，但与世界主要发达城市相比，建成区人口密度依然较高。由于我国人均水资源、土地资源水平较低，随着东部地区人口城镇化率逐步向发达国家水平靠拢，从提升城镇综合承载力角度看，东部地区空间城镇化进程仍有一定提升空间。值得注意的是，东部地区城镇化进程存在明显的内部差异，北京、天津、上海等直辖市人口城镇化率已达到发达国家水平，近年来受制于城市人口规模控制政策，人口城镇化进程已放缓，但空间城镇化率仍大幅提高。

东部地区人口、产业、空间城镇化速度对比详见表 4.16。

表 4.16　　　　　　东部地区人口、产业、空间城镇化速度对比

省份	人口城镇化率增幅（%）	空间城镇化率增幅（%）	产业城镇化率增幅（%）	空间/人口城镇化速度比	建成区城镇人口密度（2015 年）
北京	3.40	16.75	0.64	4.93	1.07
天津	10.04	67.02	1.66	6.68	1.48
河北	36.19	47.72	2.84	1.32	1.96

---

① 北京市城市规划设计研究院编译的《首尔与世界大都市：千禧年之后的城市变化比较》。

省份	人口城镇化率 增幅（%）	空间城镇化率 增幅（%）	产业城镇化率 增幅（%）	空间/人口城 镇化速度比	建成区城镇人口 密度（2015 年）
辽宁	14.75	37.85	4.31	2.57	1.39
山东	26.68	71.31	3.12	2.67	1.56
上海	-1.66	25.71	0.54	—	2.05
江苏	31.73	69.18	2.36	2.18	1.61
浙江	17.47	54.53	2.55	3.12	1.66
广东	13.23	55.91	1.86	4.23	1.54
福建	26.72	105.70	5.12	3.96	2.61
海南	22.00	74.23	14.30	3.37	1.93
东部整体	21.16	55.82	2.30	2.64	1.62

资料来源：国家统计局历年《中国统计摘要》，经整理计算得到。

4.2.2 中部地区城镇化发展演化及评价

4.2.2.1 人口城镇化发展演化

由表 4.17 不难发现，中部地区除河南外人口城镇化率指标值均超过
50% 的城镇化临界值，表明中部地区大多数省份城镇常住人口已超过农村常
住人口，城镇化进程已进入加速期。整体上看，中部地区人口城镇化率水平
较为接近，人口城镇化率最高和最低的省份分别为黑龙江和河南，两者城镇
化指标差距为 12 个百分点，远低于东部地区和西部地区。河南作为人口大省
及人口输出大省，人口城镇化率指标最低，指标提升速度也最快。

表 4.17　　　　　　2005～2015 年中部地区人口城镇化率指标　　　　　单位：%

省份	2005 年	2006 年	2007 年	2008 年	2009 年	2010 年	2011 年	2012 年	2013 年	2014 年	2015 年
黑龙江	53.1	53.5	53.9	55.4	55.5	55.7	56.5	56.9	57.4	58.0	58.8
吉林	52.5	53.0	53.2	53.2	53.3	53.3	53.4	53.7	54.2	54.8	55.3
山西	42.1	43.0	44.0	45.1	46.0	48.0	49.7	51.3	52.6	53.8	55.0

续表

省份	2005 年	2006 年	2007 年	2008 年	2009 年	2010 年	2011 年	2012 年	2013 年	2014 年	2015 年
河南	30.7	32.5	34.3	36.0	37.7	38.5	40.6	42.4	43.8	45.2	46.8
安徽	35.5	37.1	38.7	40.5	42.1	43.0	44.8	46.5	47.9	49.2	50.5
江西	37.0	38.7	39.8	41.4	43.2	44.1	45.7	47.5	48.9	50.2	51.6
湖北	43.2	43.8	44.3	45.2	46.0	49.7	51.8	53.5	54.5	55.7	56.9
湖南	37.0	38.7	40.5	42.1	43.2	43.3	45.1	46.6	48.0	49.3	50.9
中部整体	39.1	40.4	41.6	43.0	44.2	45.3	47.0	48.5	49.7	50.9	52.2

注：2000 年、2001 年人口为当年人口普查推算数，其余年份人口为年度人口抽样调查推算数据，2005 年起各地区人口数据为常住人口口径。

资料来源：国家统计局，经整理计算得到。

图 4.22 显示，中部地区整体人口城镇化率于 2014 年超过 50%，10 年间人口城镇化率指标提高了 13 个百分点，年均提高 1.3 个百分点，城镇化进程略快于东部地区。中部地区临近东部沿海地带，作为东部转移人口来源重点区域，受东部地区的吸引人口流出较为明显，从而制约本地区人口城镇化进程。

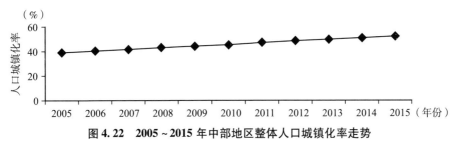

图 4.22　2005～2015 年中部地区整体人口城镇化率走势

资料来源：国家统计局历年《中国统计摘要》，经整理计算得到。

4.2.2.2　产业城镇化发展演化

由表 4.18 可知，除资源大省山西的产业城镇化指标明显领先于其他省份外，中部地区各省份产业城镇化率较为接近，产业城镇化发展速度基本同步。2005 年以来，除黑龙江产业城镇化率回落外，中部地区各省份产业城镇化率稳步提升。建成区每平方千米非农产业增加值略高于 13 亿元；值得注意的是，吉林、黑龙江两个农业大省产业城镇化指标值均未达到 10 亿元/平方千米。湖南不仅产业城镇化指标居于地区领先位置，产业城镇化速度也快于区域内其他省份，表明其非农产业发展迅速，城镇单位土地产值较高。

表 4.18　　　　　　　　　2005～2015 年中部地区产业城镇化率　　　　　　单位：%

省份	2005 年	2006 年	2007 年	2008 年	2009 年	2010 年	2011 年	2012 年	2013 年	2014 年	2015 年
黑龙江	87.6	87.9	87.1	86.9	86.6	87.4	86.5	84.6	82.9	82.6	82.5
吉林	82.7	84.3	85.2	85.7	86.5	87.9	87.9	88.2	88.8	89.0	90.1
山西	92.3	92.8	93.3	94.3	93.5	93.8	94.1	94.3	94.1	93.8	94.1
河南	82.9	84.9	85.6	85.5	86.1	87.9	87.2	87.5	87.7	88.1	88.6
安徽	81.9	83.5	83.7	84.0	85.1	86.0	86.8	87.3	88.2	88.5	88.8
江西	82.1	83.7	84.4	84.8	85.6	87.2	88.1	88.3	89.0	89.3	89.4
湖北	83.6	85.0	85.2	84.3	86.1	86.6	86.9	87.2	87.8	88.4	88.8
湖南	83.3	83.5	82.8	83.6	84.9	85.5	85.9	86.4	87.9	88.4	89.0
中部整体	84.3	85.5	85.7	85.8	86.5	87.5	87.6	87.7	88.1	88.4	88.8

资料来源：国家统计局历年《中国统计摘要》，经整理计算得到。

图 4.23 显示，自 2005 年以来中部地区整体产业城镇化率呈快速上升态势，其中，2005～2010 年产业城镇化率提高速度较快，2010 年以后产业城镇化进程有所放缓，进入稳定发展阶段。2005～2010 年，中部地区整体产业城镇化率提高 4.5 个百分点，单位建成区面积非农产业增加值由 3.8 亿元/平方千米提高至 11.3 亿元/平方千米，产业城镇化发展速度高于东部地区。

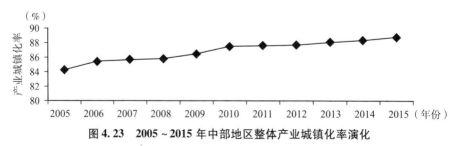

图 4.23　2005～2015 年中部地区整体产业城镇化率演化

资料来源：国家统计局历年《中国统计摘要》，经整理得到。

4.2.2.3 空间城镇化发展演化

由表 4.19 可知，2005～2015 年中部地区空间城镇化呈快速发展趋势。截至 2015 年，中部地区空间城镇化率指标高于西部地区，但与东部地区仍有明显差距。其中，安徽、湖北和河南三省空间城镇化率高于 1%，黑龙江空间城镇化率仅为 0.3916%，空间城镇化率与中部其余各省份存在较大差距。空间城镇化速度方面，2005 年以来江西空间城镇化率提高近 1 倍，而黑龙江空间城镇化率仅提高了 19.06%，其余各省份增幅约在 50%～60% 之间。可见，中部各省份空间城镇化速度总体较为均衡。

表 4.19				2005～2015 年中部地区空间城镇化演化						单位：%	
省份	2005 年	2006 年	2007 年	2008 年	2009 年	2010 年	2011 年	2012 年	2013 年	2014 年	2015 年
黑龙江	0.3289	0.3225	0.3355	0.3351	0.3443	0.3601	0.3698	0.3808	0.3885	0.3944	0.3916
吉林	0.4988	0.5358	0.5559	0.6070	0.6310	0.6542	0.6722	0.6920	0.7187	0.7289	0.7481
山西	0.4537	0.4697	0.4953	0.5017	0.5267	0.5520	0.6107	0.6471	0.6643	0.7001	0.7167
河南	0.9413	1.0054	1.0629	1.1120	1.1455	1.2060	1.2563	1.3287	1.3707	1.4222	1.4988
安徽	0.9037	0.8148	0.8621	0.9403	0.9883	1.0694	1.1461	1.2166	1.2747	1.3094	1.3743
江西	0.3977	0.4540	0.4798	0.4906	0.5134	0.5595	0.6110	0.6458	0.6895	0.7195	0.7764
湖北	0.7622	0.6982	0.6988	0.8419	0.8693	0.9150	0.9747	1.0167	1.0796	1.1178	1.1818
湖南	0.4876	0.4895	0.5250	0.5641	0.5849	0.6237	0.6648	0.6917	0.7106	0.7271	0.7427
中部整体	0.5441	0.5458	0.5708	0.6105	0.6334	0.6701	0.7088	0.7424	0.7720	0.7958	0.8267

资料来源：国家统计局历年《中国统计摘要》，经整理计算得到。

由图 4.24 可知，2005～2015 年中部地区空间城镇化率由 0.5441% 提高到

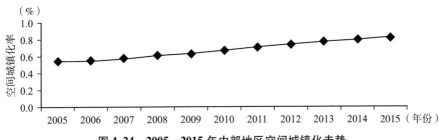

图 4.24 2005～2015 年中部地区空间城镇化走势

资料来源：国家统计局历年《中国统计摘要》，经整理得到。

0.8267%，其间中部地区整体城市建成区面积扩大了51.93%。其中，2007～2014年是中部地区空间城镇化加速发展期。

4.2.2.4 中部地区城镇化发展评价

前述分析可知，2015年中部地区人口城镇化率、产业城镇化率和空间城镇化发展指标分别为52.2%、88.8%和0.8267。人口城镇化率超过50%，意味着中部地区城镇常住人口超过农村常住人口，人口城镇化进程进入新阶段；空间城镇化率指标远高于西部地区，与东部地区仍有不小差距。近年来，中部地区人口城镇化速度和空间城镇化速度均有所加快，空间城镇化与人口城镇化速度比为1.55，接近国际公认合理值，但建成区城镇常住人口密度仍然高于东部地区，表明与东部地区相比，中部地区城镇建成区规模仍有进一步的提升空间。2005年以来，中部地区产业城镇化率增幅达到5.40%，高于东部地区产业城镇化率增幅，产业城镇化进程对人口城镇化和空间城镇化进程促进作用显现。

从区域内部差异角度看，除吉林空间/人口城镇化速度比明显高于其他省份外，中部地区各省城镇化进程较为均衡。需要注意的是，黑龙江和山西两省产业城镇化进程缓慢；其中，黑龙江作为农业大省，在去产能等政策影响下，产业城镇化率有所下滑，产业城镇化进程与人口和空间城镇化进程背离。

总体上看，中部地区人口、产业和空间城镇化进程协调度高于东部地区。中部地区人口、产业、空间城镇化速度对比详见表4.20。

表4.20　　　　　中部地区人口、产业、空间城镇化速度对比

省份	人口城镇化率增幅（%）	空间城镇化率增幅（%）	产业城镇化率增幅（%）	空间/人口城镇化速度比	建成区城镇人口密度（2015年）
黑龙江	10.73	19.05	−5.76	1.78	1.36
吉林	5.37	50.00	8.98	9.31	1.51
山西	30.64	57.96	1.98	1.89	1.99
河南	52.84	59.22	6.99	1.12	1.83
安徽	42.24	52.08	8.42	1.23	1.72

续表

省份	人口城镇化率增幅（%）	空间城镇化率增幅（%）	产业城镇化率增幅（%）	空间/人口城镇化速度比	建成区城镇人口密度（2015 年）
江西	39.52	95.20	8.93	2.41	2.40
湖北	31.59	55.05	6.25	1.74	1.74
湖南	37.52	52.32	6.79	1.39	2.27
中部整体	33.43	51.93	5.40	1.55	1.79

资料来源：国家统计局历年《中国统计摘要》，经整理计算得到。

4.2.3 西部地区城镇化发展演化及评价

4.2.3.1 人口城镇化发展评价

由表 4.21 可知，西部地区各省区市人口城镇化进程差异明显。至 2015 年，重庆、内蒙古两地人口城镇化率已超过 60%，而西藏人口城镇化率指标尚未达到 30%，城镇化率指标差距极值达到 33.1 个百分点。可见，东、中、西三大区域中，西部地区城镇化率差距最大，城镇化进程分化最为突出。西藏地域辽阔，当地居民多以农牧业为生，因此，城镇化进程相对落后。

表 4.21　　　　　2005～2015 年西部地区人口城镇化率指标　　　单位：%

省份	2005 年	2006 年	2007 年	2008 年	2009 年	2010 年	2011 年	2012 年	2013 年	2014 年	2015 年
内蒙古	47.2	48.7	50.1	51.7	53.4	55.5	56.6	57.8	58.7	59.5	60.3
重庆	45.2	46.7	48.3	50.0	51.6	53.0	55.0	57.0	58.4	59.6	60.9
四川	33.0	34.3	35.6	37.4	38.7	40.2	41.8	43.5	44.9	46.3	47.7
贵州	26.9	27.5	28.2	29.1	29.9	33.8	35.0	36.4	37.8	40.0	42.0
广西	33.6	34.6	36.2	38.2	39.2	40.0	41.8	43.5	44.8	46.0	47.1
云南	29.5	30.5	31.6	33.0	34.0	34.7	36.8	39.3	40.5	41.7	43.3
西藏	20.7	21.1	21.5	21.9	22.3	22.7	22.8	22.7	23.7	25.8	27.8
陕西	37.2	39.1	40.6	42.1	43.5	45.8	47.3	50.0	51.3	52.6	53.9
甘肃	30.0	31.1	32.3	33.6	34.9	36.1	37.2	38.8	40.1	41.7	43.2

续表

省份	2005 年	2006 年	2007 年	2008 年	2009 年	2010 年	2011 年	2012 年	2013 年	2014 年	2015 年
青海	39.2	39.2	40.0	40.8	42.0	44.8	46.3	47.5	48.4	49.7	50.3
宁夏	42.3	43.0	44.1	45.0	46.1	47.9	49.9	50.7	52.0	53.6	55.2
新疆	37.2	38.0	39.1	39.7	39.8	43.0	43.5	44.0	44.5	46.1	47.2
西部整体	34.5	35.7	37.0	38.5	39.7	41.4	43.0	44.7	46.0	47.4	48.7

注：2000 年、2001 年人口为当年人口普查推算数，其余年份人口为年度人口抽样调查推算数据，2005 年起各地区人口数据为常住人口口径。

资料来源：国家统计局历年《中国统计摘要》，经整理计算得到。

图 4.25 显示，2015 年西部地区整体人口城镇化率为 48.7%，2005 ~ 2015 年人口城镇化率指标提高了 14.2 个百分点，年均提高 1.4 个百分点，城镇化进程略快于中部、东部地区。由西部地区人口城镇化率曲线不难发现，西部地区整体人口城镇化率增速发展较为平稳，没有明显加速或减速期。西部地区经济发展水平相对落后，作为人口流出主要来源地，农村常住人口向东部沿海发达省市迁移，客观上提高了区域人口城镇化率。

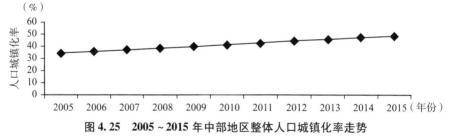

图 4.25　2005 ~ 2015 年中部地区整体人口城镇化率走势

资料来源：国家统计局历年《中国统计摘要》，经整理得到。

4.2.3.2　产业城镇化发展演化

由表 4.22 可知，西部地区重庆、陕西和内蒙古产业城镇化率处于第一梯队，新疆、贵州、广西、云南和甘肃等省区产业城镇化发展水平相对较低；2005 年以来，各省份产业城镇化率均实现稳步提升；其中，西藏、四川、广西、内蒙古和重庆等省份产业城镇化速度较快，甘肃、贵州、陕西和新疆等省区产业城镇化率提升幅度相对较低。建成区每平方公里非农产业增加值高于 13 亿元，其中，内蒙古、四川和广西三省区单位建成区非农产业增加值增长逾 2 倍，宁夏、西藏、新疆等少数民族自治区均未达到 7 亿元/平方千米，发展速度也相对迟缓。重庆产业城镇化指标虽处于较高水平，但城市建成区单位土地非农产值增速较低，非农产值增加值提升更多得益于城镇绝对规模的扩大。

表 4.22　　　　　　　　　2005～2015 年西部地区产业城镇化率　　　　　单位：%

省份	2005 年	2006 年	2007 年	2008 年	2009 年	2010 年	2011 年	2012 年	2013 年	2014 年	2015 年
内蒙古	84.9	87.2	88.1	89.3	90.5	90.6	90.9	90.9	90.7	90.8	92.1
重庆	86.6	90.1	89.7	90.1	90.7	91.4	91.6	91.8	92.2	92.6	92.7
四川	79.9	81.6	80.8	82.4	84.2	85.6	86.0	86.4	87.2	87.6	87.9
贵州	81.6	83.7	84.5	84.9	85.9	86.4	87.3	87.0	87.7	86.2	84.4
广西	77.1	78.2	78.7	79.3	81.1	82.5	82.5	83.3	84.1	84.6	84.7
云南	80.9	81.8	82.5	82.1	82.7	84.7	84.1	84.0	84.3	84.1	85.6
西藏	80.7	82.4	83.7	84.6	85.5	86.5	87.7	88.5	89.6	90.0	90.6
陕西	88.9	89.8	89.7	89.7	90.3	90.2	90.2	90.5	91.0	91.2	92.0
甘肃	84.1	85.3	85.7	85.4	88.0	85.5	86.1	86.6	86.7	86.8	85.9
青海	88.0	89.6	89.5	89.6	90.1	90.0	90.7	90.7	90.4	90.6	91.4
宁夏	88.2	89.0	89.3	90.1	90.6	90.6	91.7	91.9	91.8	92.1	91.8
新疆	80.4	82.7	82.2	83.5	82.2	80.2	82.8	82.8	83.0	83.4	83.3
西部整体	82.6	84.4	84.5	85.3	86.4	86.9	87.3	87.5	87.9	88.1	88.4

资料来源：国家统计局历年《中国统计摘要》，经整理计算得到。

图 4.26 显示，2005 年以来西部地区整体产业城镇化率呈快速上升态势，其中，2005～2011 年产业城镇化率处于快速提升期，此后产业城镇化进程趋缓。2005～2015 年，西部区产业城镇化率由 82.6% 提高至 88.4%，整体产业城镇化水平与中部地区持平。2005～2015 年，单位建成区面积非农产业增加值由 3.9 亿元/平方公里提高至 10.8 亿元/平方公里，产业城镇化发展速度快于东、中部地区。

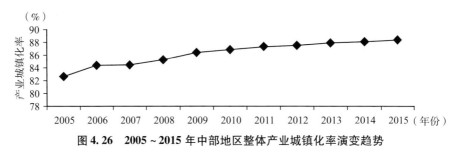

图 4.26 2005～2015 年中部地区整体产业城镇化率演变趋势

资料来源：国家统计局历年《中国统计摘要》，经整理得到。

4.2.3.3 空间城镇化发展演化

表 4.23 显示，西部地区空间城镇化率总体水平低于中部地区，与东部地区差距尤为明显。2005 以来，西部地区空间城镇化加速发展态势。其中，重庆作为区域内唯一的直辖市，2015 年空间城镇化水平达到 1.6129%，高于中、西部地区其他各省份，也高于东部部分地区空间城镇化水平。而西藏、青海和新疆等省区地广人稀，空间城镇化率指标不到 0.1%。可见，西部地区空间城镇化水平内部差异较大。从空间城镇化速度方面看，2005～2015 年云南、贵州和重庆空间城镇化率增幅均超过 1 倍；相对而言，内蒙古空间城镇化速度较慢，指标增幅约为 48.64%。

表 4.23　　　　　　　　　**2005～2015 年西部地区空间城镇化演化**　　　　单位：%

省份	2005 年	2006 年	2007 年	2008 年	2009 年	2010 年	2011 年	2012 年	2013 年	2014 年	2015 年
内蒙古	0.0697	0.0702	0.0750	0.0748	0.0824	0.0877	0.0907	0.0958	0.1019	0.1002	0.1036
重庆	0.7075	0.7657	0.8094	0.8548	0.9454	1.0504	1.2496	1.2767	1.3532	1.4944	1.6129
四川	0.2975	0.2625	0.2738	0.2870	0.3113	0.3361	0.3687	0.3922	0.4243	0.4571	0.4705
贵州	0.2111	0.2299	0.2247	0.2310	0.2611	0.2633	0.2883	0.3326	0.3944	0.4109	0.4478
广西	0.3262	0.3114	0.3426	0.3549	0.3717	0.3956	0.4268	0.4562	0.4857	0.5021	0.5366
云南	0.1198	0.1375	0.1466	0.1583	0.1692	0.1905	0.2040	0.2182	0.2375	0.2479	0.2690
西藏	0.0062	0.0064	0.0064	0.0064	0.0066	0.0069	0.0073	0.0098	0.0098	0.0103	0.0118
陕西	0.2731	0.3053	0.3170	0.3204	0.3330	0.3680	0.3927	0.4194	0.4450	0.4708	0.5219
甘肃	0.1115	0.1152	0.1216	0.1278	0.1328	0.1392	0.1445	0.1602	0.1707	0.1829	0.1959

续表

省份	2005 年	2006 年	2007 年	2008 年	2009 年	2010 年	2011 年	2012 年	2013 年	2014 年	2015 年
青海	0.0148	0.0151	0.0154	0.0154	0.0155	0.0158	0.0169	0.0169	0.0218	0.0230	0.0269
宁夏	0.3750	0.4051	0.4398	0.4684	0.4834	0.6615	0.7135	0.6024	0.6340	0.6642	0.6852
新疆	0.0358	0.0405	0.0409	0.0451	0.0481	0.0505	0.0554	0.0577	0.0640	0.0672	0.0712
西部整体	0.0955	0.0971	0.1021	0.1065	0.1142	0.1230	0.1335	0.1421	0.1538	0.1619	0.1724

资料来源：国家统计局历年《中国统计摘要》，经整理计算得到。

由图 4.27 可知，2005～2015 年西部空间城镇化率由 0.0955% 提高至 0.1724%，空间城镇化率指标整体增幅为 80.53%，空间城镇化速度高于东、中部地区。2008 年后，西部地区空间城镇化进程开始迈入加速期。

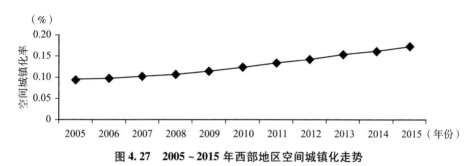

图 4.27　2005～2015 年西部地区空间城镇化走势

资料来源：国家统计局历年《中国统计摘要》，经整理得到。

4.2.3.4　西部地区城镇化发展评价

综上所述，2015 年西部地区人口城镇化、产业城镇化和空间城镇化发展指标分别为 48.7%、88.4% 和 0.1724；经历 2005～2015 年的快速城镇化进程，人口城镇化率已接近 50%，与中部地区差距逐步缩小；产业城镇化率与中部地区持平，距离东部地区仍有一定差距；西部地区土地面积占全国比重逾 70%，分别为东部和中部的 6.4 倍和 4.1 倍，因此，西部地区空间城镇化率指标远低于东、中部地区。从表 4.24 可以看出，2005～2015 年西部地区城镇化进程明显加快，人口城镇化率、空间城镇化率和产业城镇化率指标分别提高 41.18%、80.53% 和 6.93%，城镇化速度远高于东、中部地区。空间城镇化与人口城镇化速度比为 1.96，介于东部、中部地区之间，表明西部地区同样呈现空间城镇化速度快于人口城镇化进程特征。从建成区城镇常住人口密度看，西部地区建成区城镇常住人口密度为 1.89 万人/平方千米，仍然高于东、中部地区，表明与东、中部地区相比，西部地区城镇建成区规模尚有较大提升空间。2005 年以来，西部地区产业城镇化率增幅达到 6.93%，产业城镇化速度高于东、中部地区，产业城镇化进程对人口城镇化和空间城镇化进程促进作用十分显著。

表 4.24　　　　　　西部地区人口、产业、空间城镇化速度对比

省份	人口城镇化率增幅（%）	空间城镇化率增幅（%）	产业城镇化率增幅（%）	空间/人口城镇化速度比	建成区城镇人口密度（2015 年）
内蒙古	27.77	48.67	8.42	1.75	1.38
重庆	34.75	127.97	6.98	3.68	2.17
四川	44.50	58.14	9.99	1.31	1.88
贵州	56.39	112.10	3.40	1.99	2.69
广西	39.95	64.53	9.90	1.62	2.03
云南	46.87	124.60	5.86	2.66	2.78
西藏	34.10	89.30	12.23	2.62	0.77
陕西	44.79	91.11	3.42	2.03	2.44
甘肃	43.88	75.69	2.23	1.72	1.51
青海	28.33	82.13	3.84	2.90	2.01
宁夏	30.65	82.74	4.05	2.70	1.01
新疆	27.13	98.83	3.56	3.64	1.25
西部整体	41.18	80.53	6.93	1.96	1.89

资料来源：国家统计局历年《中国统计摘要》，经整理计算得到。

　　从区域内部差异角度看，西部地区各省城镇化进程较为均衡。其中，重庆、新疆两地空间、人口城镇化速度比显著高于区域内其他地区；四川空间、人口城镇化速度比为 1.31，其人口城镇化与空间城镇化速度更为均衡。

　　总体上看，西部地区人口、产业和空间城镇化进程速度均快于东部和中

部地区，城镇化进程正步入发展快车道。

4.3 本章小结

在本章，我们分别对 2005 年以来东、中、西部地区金融发展和城镇化进程的演化历程进行了全面的分析和评价。结果表明：

（1）2005 年以来，东、中、西部地区金融市场均取得了较快发展。其中东部地区金融市场规模和金融结构均优于中、西部地区，东部地区银行业、保险业和证券业发展更为均衡；中部地区证券业发展相对落后，个别指标低于西部地区。从商业性金融和政策性金融协调发展视角看，东部地区两者结合度更高；在经济发展水平较高的东部地区，政府财政收入和财政支出水平均高于中、西部地区，政策性金融发展为城镇化进程提供了有力支撑，与此同时，商业性金融发展水平远高于中、西部地区，从而使得东部地区金融市场结构更为均衡。中、西部地区因商业性金融发展处于较低水平，商业性金融市场中，银行业所占比重较高，保险业和证券业仍处于起步阶段，对地区经济、金融以及城镇化发展的支撑作用较弱。由于中、西部地区财政收入和财政支出规模相对较小，政策性金融比例虽然较高，但对城镇化进程的支持作用仍十分有限。过多依赖银行贷款和地方政府融资平台的间接融资模式，导致中、西部地区金融风险急剧提升。

（2）如前所述，我国城镇化正处于加速发展期，这一时期成为我国东、中、西部地区城镇化进程发展最快的时期。即便如此，我国城镇化进程仍存在明显的地区差异。静态视角看，区域城镇化发展水平呈现东部最高，中部次之，西部最低的态势；动态视角看，城镇化发展速度则正好相反，西部最快、中部次之、东部最慢。从城镇化进程协调度看，中部城镇化三个层面发展更为均衡，西部次之，东部呈现空间城镇化明显快于人口城镇化和产业城镇化态势。此外，因大量城乡流动人口的存在，以户籍人口衡量的人口城镇化率指标远低于常住人口城镇化率指标，表明：一方面，户籍政策导致了实际人口城镇化率指标偏高；另一方面，说明我国城镇基础设施和公共服务设施存在大量缺口，无法为户籍人口和流动人口提供平等的服务。东、中、西部地区空间城镇化均有较大的提升空间。

第5章

产业城镇化与金融支持的
区域差异实证研究

产业是城镇化建设的经济动力，也是核心动力。产业城镇化是经济增长过程中生产要素自农村向城市流动引发的产业结构转换和升级。产业结构优化升级是产业城镇化的本质特征，也是产业城镇化进程推进的前提。产业城镇化有助于促进人口的迁移和转化。

正如上文所分析，我国东、中、西部地区产业城镇化进程与金融发展存在较大差异，那么到底不同地区的金融发展怎样影响着各地区的产业城镇化进程和产业结构升级呢？影响程度如何？这就需要对各地区产业城镇化与金融支持的区域差异进行实证研究。本研究采用 2005～2015 年我国 31 个省份的面板数据，数据来自我国历年国家及各省区市统计年鉴及 CNKI 中国经济社会发展统计数据库等，模型检验和参数估计采用 Eviews 8.0 软件完成。

5.1 指标的选择

5.1.1 金融发展指标

关于金融发展的衡量指标，国内外学者观点迥异。戈德史密斯（Raymond W. Goldsmith）采用金融相关率（*FIR*）来衡量金融发展水平，其将金融相关率定义为特定日期一国（地区）全部金融资产价值与该国（地区）全部经济活动总量的比值，以衡量一国（地区）全部经济活动的货币化程度。金融相关率越高表明经济货币化程度越高，从而金融发展水平也就越高；反之亦然。此后，金融深化－金融抑制理论的代表性人物麦金农（Ronald I. Mckinnon）采用一国（地区）货币存量（M2）与国民生产总值的比值来表示金融发展水平，该指标也为后来者广泛使用。以上所提出的这两个指标都是从整体上去衡量一国金融发展水平的。当前，国内外学者通常使用金融规模、金融结构和金融效率等指标来衡量地区的金融发展水平。姚雪松、方勇华（2017）认为提供资金的多少主要受金融规模大小影响，而提高资本利用效率则主要受金融效率状况制约，因此本研究在进行我国金融发展对城镇化的影响的实证分析中，以金融规模和金融效率两个指标来代表我国金融发展的状况。参考我国学者普遍做法并考虑数据可得性，本章采用金融发展规模（*FINGM*）指标和金融发展效率（*FINXL*）指标，其中采用戈德史密斯的金融相关率（*FIR*）指标衡量金融发展规模，并以金融机构存贷款余额与实际国内（地区）生产总值比值计算。金融发展效率代表各金融要素在支持城镇化建设中的投入产出效率，本研究采用金融中介机构储蓄转化能力水平，即金融机构贷款余额与存款余额比值加以衡量（唐未兵、唐谭岭，2017）。

5.1.2 产业城镇化指标

城镇化在经济领域最突出的表现就是产业结构的转型和升级。产业城镇化作为城镇化的发展动力，是指第二、第三产业在城镇经济结构中逐渐成为主导产业的过程，第二、第三产业在城镇经济中的比重不断提高，引发城乡居民收入和生活水平差距的不断拉大，导致区域内劳动力在城镇间分布的不均衡，为农村人口向城镇的转移提供了可能（张宇等，2017）。工业革命后，欧美地区城镇化步入快速发展期均有赖于资本、劳动力及其他生产要素在城镇的加速集聚，表现为产业结构由第一产业为主向第二、第三产业为主转变，经济活动则由农业生产为主转化为工业及服务业为主（赵峥、倪鹏飞，2012）。因此，本研究采用张宇（2017）等学者的一般做法，以该地区第二、第三产业增加值之和占地区生产总值的比重作为产业城镇化衡量指标。

5.1.3 控制变量

通常，为研究某单一因素对被解释变量的影响，须剔除其他因素对被解释变量的影响，即要控制住其他变量的作用。本研究选择对产业城镇化有重大影响的人口城镇化率和固定资产投资比率作为控制变量。

在衡量人口城镇化的指标上，通常有户籍人口城镇化率和常住人口城镇化率两个指标。户籍人口城镇化率是指常住城镇且具备城镇户籍的人口占总人口的比例，是基于中国户籍制度下的特有城镇化率测度指标；常住人口城镇化率是指城镇常住人口占地区常住人口的比例，其中，城镇常住人口是指在城镇居住6个月以上的群体，含一次性居住6个月或全年居住超过6个月，这种计算方法是国际上通用的（王建英、马德功，2016）。总体上看，关于人口城镇化率的衡量指标，国内学者尚存较大争议。戚伟、刘盛和、金浩然（2017）与孙红玲、唐未兵、沈裕谋（2014）等认为，常住城镇流动人口无法取得与本地户籍人口同等的权益，不是完全意义上的市民；方创琳、王德利（2011），段成荣、邹湘江（2012）与王洋、方创琳、王振波（2012）等认为，户籍人口城镇化率较常住人口城镇化率更能反映我国人口城镇化进程。部分学者倾向于采用城镇常住人口与总人口比重衡量人口城镇化率，认为大量户籍在农村或郊区但在城镇就业的人口，实质上是城镇化的人口（Jackson，2011；Fishman，2011；秦佳、李建民，2013；刘欢、邓宏兵、谢伟伟，2017）。鉴于近年来我国存在大量常住在城镇但不具备城镇户籍的流入人口，该指标更多为学者使用。综上，基于我国城镇流动人口主要工作、生活时间集中于城镇，且2005年以后我国统计数据均采用常住人口这一指标，本研究在实证分析中采用常住人口城镇化率指标。

李晓梅、赵文彦（2013）等人认为，在现实经济社会环境中，固定资产投资作为政府推动城镇化的重要行政手段，因具备更强的可操作性和更快速的绩效成果而受到各级地方政府青睐。借鉴其以固定资产投资衡量行政性资源配置对城镇化发展的影响，本研究将固定资产投资比率作为控制变量，并以固定资产投资占 GDP 比重加以衡量。

5.2　描述性统计

表5.1 列示各变量数据统计结果，具体如下：

产业城镇化率变量（*IURBANRATIO*）统计结果显示，东部、中部和西部产业城镇化率分别为 0.921002、0.871381 和 0.867542，标准差分别为 0.070575、0.031782 和 0.037819；可见，东部、中部和西部整体产业城镇化率依次降低，东部地区产业城镇化率最高，中部和西部地区产业城镇化率整体水平较为接近；东、中、西部区域内产业城镇化水平差异方面，东部地区内部差异最大，中部和西部区域内各地区间城镇化水平较东部地区更为均衡。

金融规模（*FINGM*）统计结果显示，东部、中部和西部金融规模（金融相关率 *FIR*）分别为 2.331144、1.355903 和 1.823167，标准差分别为 1.572137、0.526717 和 0.461045。可见，金融规模方面呈现东部最高、西部次之、中部最低的格局；区域内部差异方面，西部地区最为均衡、中部次之，东部地区金融规模的内部差异最大。

金融效率（*FINXL*）统计结果显示，东部、中部和西部金融效率分别为 0.711915、0.681483 和 0.723569，标准差分别为 0.119546、0.085906 和 0.154487。可见，金融效率方面呈现西部最高、东部次之、中部最低的格局；区域内部差异方面亦存在相似规律。

人口城镇化率变量（*PURBANRATIO*）统计结果显示，东部、中部和西部人口城镇化率分别为 0.638028、0.472358 和 0.414430，标准差分别为 0.145688、0.067342 和 0.095095。可见，东部、中部和西部整体人口城镇化率依次降低，东部地区人口城镇化率最高，区域内部人口城镇化水平的地区差异最大；中部地区人口城镇化率整体水平高于西部地区，且区域内部各地区间城镇化水平最均衡；西部地区人口城镇化率最低，区域内部差异较大。

固定资产投资率（*GUTOURATIO*）统计结果显示，东部、中部和西部固定资产投资比率分别为 0.372125、0.441338 和 0.535367，标准差分别为 0.105461、0.153416 和 0.153612。结果表明，东、中、西部地区固定资产投资比率依次提高，且区域内部不均衡度也呈现相同规律。

表 5.1　　　　　　　　　　　　样本描述性统计

地区	变量	观测值	平均值	标准差	最大值	最小值
东部	*IURBANRATIO*	121	0.921002	0.070575	0.995600	0.672700
	FINGM	121	2.331144	1.572137	8.677200	1.058400
	FINXL	121	0.711915	0.119546	0.943300	0.455500
	PURBANRATIO	121	0.638028	0.145688	0.896000	0.376900
	GUTOURATIO	121	0.372125	0.105461	0.587800	0.162900
中部	*IURBANRATIO*	88	0.871381	0.031782	0.943500	0.819400
	FINGM	88	1.355903	0.526717	2.900000	0.784100
	FINXL	88	0.681483	0.085906	1.000000	0.466900
	PURBANRATIO	88	0.472358	0.067342	0.588000	0.306500
	GUTOURATIO	88	0.441338	0.153416	0.844200	0.174100
西部	*IURBANRATIO*	132	0.867542	0.037819	0.926800	0.771000
	FINGM	132	1.823167	0.461045	4.036100	1.061100
	FINXL	132	0.723569	0.154487	1.089700	0.232700
	PURBANRATIO	132	0.414430	0.095095	0.609400	0.208500
	GUTOURATIO	132	0.535367	0.153612	0.934700	0.261500

5.3　实证分析

5.3.1　模型的建立

面板数据模型的一般形式：

$$y_{it} = \alpha_i + \beta_{1i}x_{1it} + \beta_{2i}x_{2it} + \cdots + \beta_{ki}x_{kit} + u_{it} \tag{5.1}$$
$$i = 1, 2, \cdots, N; \quad t = 1, 2, \cdots, T$$

式（5.1）中，y_{it} 为被解释变量，x_{1it}，$\cdots$，x_{kit} 为解释变量，N 是横截面个体数量，T 表示样本观测期数，α_i 为截距项，β_{1i}，$\cdots$，β_{ki} 为 k 个解释变量对应的系数，u_{it} 为随机扰动项（樊欢欢、刘荣，2014）。

根据截距向量和系数向量是否为常数，可将面板数据模型分为混合回归模型、变截距模型和变系数模型 3 种类型。如果从时间和截面上看，不同个体之间和不同横截面之间均不存在显著性差异，即既无个体影响也无结构变化，此时面板数据模型应选择混合回归模型。若在截面上个体影响不同，而解释变量对被解释变量的影响无结构差异，此时应选择变截距模型，变截距模型根据个体影响对所有截面个体是否存在差异分为固定效应变截距模型和随机效应变截距模型。当解释变量对被解释变量的影响存在结构上的差异时，采用常回归系数的变截距模型无法反映这种差异，此时应选择变系数模型（胡丽琴，2012）。在对面板数据模型进行估计时，为防止因模型设定错误而造成的估计结果偏差，须对模型形式加以检验。模型形式设定检验一般通过构造 F 统计量进行协方差分析来完成。具体检验过程如下：

假设 H_1：式（5.1）中的解释变量系数和截距项对于所有的截面成员均相同。

假设 H_2：式（5.1）中的解释变量系数对于所有的截面成员相同，但截距项不同。

针对假设 H_1，可构造如下统计量：

$$F_2 = \frac{(S_3 - S_1) / \left[(N-1)(K+1)\right]}{S_1 / \left[NT - N(K+1)\right]} \sim F\left[(N-1)(K+1), N(T-K-1)\right]$$
$$\tag{5.2}$$

针对假设 H_2，可构造如下统计量：

$$F_1 = \frac{(S_2 - S_1) / \left[(N-1)K\right]}{S_1 / \left[NT - N(K+1)\right]} \sim F\left[(N-1)K, N(T-K-1)\right] \tag{5.3}$$

其中，S_1、S_2、S_3 分别为变系数模型、变截距模型和混合模型的残差平方和，K 为非常数项解释变量的个数，N 和 T 为面板数据的截面个数和时间期数，F_1 和 F_2 均服从 F 分布。若检验结果接受假设 H_1，面板数据模型应选择混合回归模型；检验结果拒绝假设 H_1 但是接受假设 H_2，则采用常系数回归模型；若拒绝假设 H_1 且拒绝假设 H_2，则采用变系数模型。对东、中、西部数据检验结果如表 5.2 所示。由表中数据可以看出，在 5% 的显著性水平下，东部地区宜采用变截距模型、中部和西部应采用混合回归模型进行估计。

表5.2 模型设定的协方差分析检验

地区	F_1 临界值	F_1 统计量	F_2 临界值	F_2 统计量	模型选择结果
东部	$F_1(40，66)=1.58$	-1.38	$F_2(50，66)=1.54$	8.95	变截距模型
中部	$F_1(28，48)=1.71$	-0.78	$F_2(21，24)=1.67$	-0.14	混合回归模型
西部	$F_1(44，72)=1.55$	-1.25	$F_2(55，72)=1.51$	25.68	变截距模型

注：F_1 和 F_2 均在 5% 的显著性水平下取值。

综上所述，本研究设定产业城镇化与金融支持的实证模型为：

东部地区：

$$IURBANRATIO_{it} = \alpha_i + \beta_1 FINGM_{1it} + \beta_2 FINXL_{2it} + \beta_3 PURBANRATIO_{3it}$$
$$+ \beta_4 GUTOURATIO_{4it} + u_{it} \tag{5.4}$$
$$i = 1, 2, \cdots, N; \ t = 1, 2, \cdots, T$$

中部和西部地区：

$$IURBANRATIO_{it} = \alpha + \beta_1 FINGM_{1it} + \beta_2 FINXL_{2it} + \beta_3 PURBANRATIO_{3it}$$
$$+ \beta_4 GUTOURATIO_{4it} + u_{it} \tag{5.5}$$
$$i = 1, 2, \cdots, N; \ t = 1, 2, \cdots, T$$

5.3.2 单位根检验

面板数据具有不仅包含横截面的信息，也具有时间序列特点，因而具备时间序列数据的一般特征。为避免面板数据模型出现伪回归，须进行数据稳定性检验。若面板数据序列存在单位根，即为非平稳序列，需通过差分以消除单位根，得到平稳序列后方可进行协整检验。面板单位根检验是基于以下的方程：

$$y_{it} = \beta_i y_{i,t-1} + \chi_{it} \delta_i + \varepsilon_{it} \quad (i = 1, \cdots, N; \ t = 1, \cdots, T) \tag{5.6}$$

式（5.6）中的 χ_{it} 为外生变量，包括任何固定效应和时间趋势项。根据检验方法的不同，β_i 可有两种不同的假定。第一种假设是所有 β_i 都相同，采用这一假定的检验方法有 Hadri 检验（1999）、Breitung 检验（2000）和 LLC 检验（2002）等；第二种假设是 β_i 互不相同，采用此种假定的检验方法有 Pesaran and Shin 检验（1997）、ADF 检验（1999）和 PP 检验（2001）。单一检验方法均存在一定缺陷，为此，本研究选择 LLC 检验、ADF 检验和 PP 检验三种方法考察数据稳定性，三种检验的原假设均为面板数据中存在一个单位根；其中，LLC 检验假设变量存在同质面板单位根，而 ADF 检验和 PP 检验则假设变量存在异质面板单位根。三种单位根检验的基本原理如下。

5.3.2.1　LLC 检验（Levin-Lin-Chu 检验）

LLC 检验允许存在横截面截距项和时间趋势项，同时也适合不同个体异方差性和高阶自相关性（樊欢欢、刘荣，2014）。LLC 检验考虑了下列基本的 ADF 形式。

$$y_{it} = \alpha y_{it} + \sum_{j=1}^{pi} \beta_{ij} y_{i,t-j} + \chi_{it}\delta + \varepsilon_{it} \tag{5.7}$$

其原假设和备择假设分别为：

$$\mathrm{H}_0: \alpha = 0$$
$$\mathrm{H}_1: \alpha < 0 \tag{5.8}$$

在零假设成立下，面板数据存在单位根；在备择假设成立下，面板数据不存在单位根。LLC 检验通过对含有 Δy_{it} 和 y_{it} 的模型来完成对 α 的估计。首先，模型要先被标准化，除去自相关和常数项、时间趋势等确定成分。对于某一系列的滞后次数，分别就 Δy_{it} 和 $y_{i,t-1}$ 对滞后项 $\Delta y_{i,t-j}$（$j = 1$，…，p_i）和外生变量 χ_{it} 作回归。回归的估计值可分别用 $(\hat{\beta}, \hat{\delta})$ 和 $(\overset{\square}{\beta}, \overset{\square}{\delta})$ 来表示。

定义变量：

$$\Delta\hat{y}_{it} = \Delta y_{it} - \sum_{j=1}^{pi} \hat{\beta}_{it}\Delta y_{i,t-j} - \chi_{it}\hat{\delta} \tag{5.9}$$

同样定义：

$$\bar{y}_{i,t-1} = y_{i,t-1} - \sum_{j=1}^{pi} \overset{\square}{\beta}_{ij}\Delta y_{i,t-j} - \chi_{it}\overset{\square}{\delta} \tag{5.10}$$

接下来，对 $\Delta\bar{y}_{it}$ 和 $\bar{y}_{i,t-1}$ 标准化处理，得：

$$\tilde{y}_{it} = (\Delta\tilde{y}_{it}/s_i)$$

$$\tilde{y}_{it} = (\tilde{y}_{i,t-1}/s_i) \tag{5.11}$$

其中，s_i 为式（5.7）进行每个 ADF 估计所得的标准误差。

最后，作混合回归，可估计 α 为：

$$\Delta\tilde{y}_{it} = \alpha\tilde{y}_{i,t-1} + y_{it} \tag{5.12}$$

LLC 检验可以证明，在零假设条件下，对 $\tilde{\alpha}$ 调整后的 t 统计量近似服从正态分布。即：

$$t_\alpha^* = \frac{t_\alpha - (N\tilde{T})S_N\hat{\sigma}^2 Se(\hat{\alpha})u_{m\tilde{T}}^*}{\sigma_{m\tilde{T}}^*} \sim N(0,\ 1) \tag{5.13}$$

其中，t_α 为 $\hat{\alpha}=0$ 时的标准 t 统计量，$\hat{\sigma}^2$ 是误差项的估计方差，$Se(\hat{\alpha})$ 是 $\hat{\alpha}$ 的标准误差，并且 $\tilde{T} = T - (\sum_i p_i/N) - 1$。$S_N$ 是平均标准差率，被定义为长期标准差与每个平板单位的标准差的平均值，$u_{m\tilde{T}}^*$ 和 $\sigma_{m\tilde{T}}^*$ 是均值与标准差的调整项。

LLC 检验比单独对时间序列进行检验的 DF 检验有效得多。虽然 LLC 检验目前已经在世界范围内成为运用最广泛的单位根检验方法，但是，不可否认的是它依然存在局限性。它要求每个个体的自回归都相等，而这个假设在实践中可能过强。

5.3.2.2　ADF 检验（Augmented Dickey Fuller 检验）

ADF 检验使用一阶自回归来检验单位根，要求扰动项 $\{\varepsilon_t\}$ 为独立白噪声，故扰动项无自相关。如果 $\{\varepsilon_t\}$ 存在自相关，可以引入更高阶的滞后项来控制。假设选择了适当的滞后期 P 使得以下 $AR(P)$ 模型的扰动项 $\{\varepsilon_t\}$ 为独立白噪声：

$$y_t = \beta_0 + \beta_1 y_{t-1} + \cdots + \beta_p y_{t-p} + \varepsilon_t \tag{5.14}$$

为了检验方便，可以将上式变换成以下形式：

$$y_t = \beta_0 + \rho y_{t-1} + \gamma_1\Delta y_{t-1} + \gamma_2\Delta y_{t-2} + \cdots + \gamma_{p-1}\Delta y_{t-p+1} + \varepsilon_t \tag{5.15}$$

其中，系数（ρ，γ_1，γ_2，$\cdots$，γ_{p-1}）待定。去掉上式中的差分算子并合并同类项可得：

$$y_t = \beta_0 + (\rho+\gamma_1)y_{t-1} + (\gamma_2-\gamma_1)y_{t-2} + \cdots + (\gamma_{p-1}-\gamma_{p-2})y_{t-p+1} - \gamma_{p-1}y_{t-p} + \varepsilon_t \tag{5.16}$$

将式（5.14）和式（5.16）的相应系数一一对等起来可得：

$$\beta_1 = \rho + \gamma_1 ; \ \beta_2 = \gamma_2 - \gamma_1 ; \ \cdots ; \ \beta_{p-1} = \gamma_{p-1} - \gamma_{p-2} ; \ \beta_p = -\gamma_{p-1} \quad (5.17)$$

把 $(\beta_1, \beta_2, \cdots, \beta_p)$ 作为已知数，可以解出 $(\rho, \gamma_1, \gamma_2, \cdots, \gamma_{p-1})$ 的表达式：

$$\rho = \beta_1 + \cdots + \beta_p ; \ \gamma_1 = -(\beta_2 + \cdots + \beta_p) ; \ \cdots ;$$
$$\gamma_{p-2} = -(\beta_{p-1} + \beta_p) ; \ \gamma_{p-1} = -\beta_p \quad (5.18)$$

可以证明，当 $\rho = 1$ 时，$\mathrm{AR}(P)$ 有一个单位根；当 $\rho > 1$ 时，则特征方程至少有一个根在单位圆之内，故 $\mathrm{AR}(P)$ 为非平稳。

综上所述，为了检验 $\mathrm{AR}(P)$ 是否有单位根，对式（5.14）进行回归，并检验在方程两边同时减去 y_{t-1} 可得：

$$\Delta y_t = \beta_0 + \delta y_{t-1} + \gamma_1 \Delta y_{t-1} + \gamma_2 \Delta y_{t-2} + \cdots + \gamma_{p-1} \Delta y_{t-p+1} + \varepsilon_t \quad (5.19)$$

其中，$\delta = \rho - 1$。则原假设与备择假设变为：

$$\mathrm{H}_0: \delta = 0$$
$$\mathrm{H}_1: \delta < 0 \quad (5.20)$$

对方程（5.19）使用 OLS 可得估计量 $\hat{\delta}$ 及相应的 t 统计量。此 t 统计量被称为 ADF 统计量。ADF 检验是左边单侧检验，其拒绝域只在分布的最左边。

5.3.2.3 PP 检验 (Phillips-Perron 检验)

PP 检验是菲利普斯和皮尔逊（Phillips and Perron，1988）提出的一种非参数单位根检验法，该检验的特点是使用 DF 检验中 $\mathrm{AR}(1)$ 模型形式，即以下三种形式中的一种：

$$\Delta y_t = c + \gamma t + \phi y_{t-1} + \varepsilon_t$$
$$\Delta y_t = c + \phi y_{t-1} + \varepsilon_t$$
$$\Delta y_t = \phi y_{t-1} + \varepsilon_t \quad (5.21)$$

由此可知，PP 检验不采用 ADF 检验中的 $\mathrm{AR}(P)$ 形式。$\mathrm{AR}(1)$ 模型滞后期数可能不足将会引起序列相关性的现象，因此，PP 检验在检验的过程中一般都会适当地控制序列相关性，以获得相应的单位根检验统计量的分布情况，进而进行假设检验。

PP 检验的统计量可以写成：

$$\hat{\tau}_\phi = \tau_\phi \left(\frac{\gamma_0}{f_0} \right)^{0.5} - \frac{T(f_0 - \gamma_0) se(\hat{\phi})}{2 f_0^{0.5} S} \quad (5.22)$$

其中，T 表示样本大小，$\hat{\phi}$ 是 DF 检验模型中的系数 ϕ 的估计值，τ_ϕ 是检验统计量，$se(\hat{\phi})$ 表示估计的系数标准差，S 是回归等式的标准差，f_0 是频率为 0 的残差谱估计。另外，γ_0 表示回归等式的一致方差估计，如果被解释变量的个数为 k，那么 γ_0 的公式为：

$$\gamma_0 = \frac{T-k}{T}S^2 \tag{5.23}$$

需要注意的是，PP 检验的统计量的渐近分布与 DF 检验相同，常见的计量软件一般都会报告出检验统计量和相关临界值与 P 值，通过比较检验统计量与临界值或者直接观察 P 值，即可判断 PP 检验的结果。

对东、中、西部分别进行以上三种单位根检验，检验结果如表 5.3 至表 5.5 所示。从表中可知，东、中、西部地区各统计量的 P 值均大于 0.1，表示各统计量在三种检验下均无法拒绝原假设，说明 IURBANRATIO、FINGM、FINXL、PURBANRATIO 和 GUTOURATIO 序列均存在单位根，为非平稳性序列。为了得到平稳性序列需要进行差分处理，各变量一阶差分单位根检验如表 5.6 至表 5.8 所示。由表中可知，在一阶差分的情况下，东、中、西部地区各统计量的 P 值均小于 0.01，表示各统计量在三种检验下均拒绝有单位根的原假设，接受无单位根的备择假设，说明 IURBANRATIO、FINGM、FINXL、PURBANRATIO 和 GUTOURATIO 序列在一阶差分下均不存在单位根，为平稳性序列。

表 5.3　　　　　　　　变量面板单位根检验：东部地区

变量	方法			结果
	LLC 检验	ADF 检验	PP 检验	
IURBANRATIO	6.86880 (1.0000)	0.38097 (1.0000)	0.06525 (1.0000)	不平稳
FINGM	4.46382 (1.0000)	1.79455 (1.0000)	0.67156 (1.0000)	不平稳
FINXL	2.35390 (0.9907)	7.62086 (0.9980)	9.57547 (0.9898)	不平稳
PURBANRATIO	10.7310 (1.0000)	2.20282 (1.0000)	1.82584 (0.9999)	不平稳
GUTOURATIO	4.45115 (1.0000)	15.4030 (0.8444)	21.2518 (0.5052)	不平稳

注：单位根检验选择"none"项；括号中的数值为统计量的 P 值。

表 5.4　　　　　　　　　变量面板单位根检验：中部地区

变量	方法			结果
	LLC 检验	ADF 检验	PP 检验	
IURBANRATIO	6.78368 (1.0000)	5.75638 (0.9905)	5.03245 (0.9956)	不平稳
FINGM	3.94357 (1.0000)	1.91967 (1.0000)	0.79606 (1.0000)	不平稳
FINXL	0.26403 (0.6041)	7.22221 (0.9687)	10.7504 (0.8246)	不平稳
PURBANRATIO	9.50181 (1.0000)	0.27324 (1.0000)	0.01018 (1.0000)	不平稳
GUTOURATIO	4.06225 (1.0000)	1.94239 (1.0000)	1.19257 (1.0000)	不平稳

注：单位根检验选择"none"项；括号中的数值为统计量的 P 值。

表 5.5　　　　　　　　　变量面板单位根检验：西部地区

变量	方法			结果
	LLC 检验	ADF 检验	PP 检验	
IURBANRATIO	7.94408 (1.0000)	2.76047 (1.0000)	0.77252 (1.0000)	不平稳
FINGM	5.71096 (1.0000)	1.19590 (1.0000)	0.27377 (1.0000)	不平稳
FINXL	2.56689 (0.9949)	7.47653 (0.9995)	8.54874 (0.9984)	不平稳
PURBANRATIO	33.1060 (1.0000)	0.91999 (1.0000)	0.01792 (1.0000)	不平稳
GUTOURATIO	8.94409 (1.0000)	1.38812 (1.0000)	1.13789 (1.0000)	不平稳

注：单位根检验选择"none"项；括号中的数值为统计量的 P 值。

表 5.6　　　　　　　　一阶差分面板单位根检验：东部地区

变量	方法			结果
	LLC 检验	ADF 检验	PP 检验	
D（IURBANRATIO）	−8.62942 *** (0.0000)	98.5607 *** (0.0000)	106.925 *** (0.0000)	平稳
D（FINGM）	−7.55970 *** (0.0000)	77.9537 *** (0.0000)	76.1720 *** (0.0000)	平稳
D（FINXL）	−9.75079 *** (0.0000)	111.783 *** (0.0000)	119.489 *** (0.0000)	平稳
D（PURBANRATIO）	−4.14572 *** (0.0000)	38.4796 ** (0.0162)	45.0054 *** (0.00256)	平稳
D（GUTOURATIO）	−4.94074 *** (0.0000)	59.1712 *** (0.0000)	63.9452 *** (0.0000)	平稳

注："D"表示一阶差分；***、**、*表示在1%、5%、10%显著性下拒绝原假设。

表 5.7　　　　　　　　一阶差分面板单位根检验：中部地区

变量	方法			结果
	LLC 检验	ADF 检验	PP 检验	
D（IURBANRATIO）	−5.98242 *** (0.0000)	58.1429 *** (0.0000)	58.5013 *** (0.0000)	平稳
D（FINGM）	−7.02989 *** (0.0000)	64.6315 *** (0.0000)	62.6673 *** (0.0000)	平稳
D（FINXL）	−9.41859 *** (0.0000)	87.7525 *** (0.0000)	95.4135 *** (0.0000)	平稳
D（PURBANRATIO）	−4.48409 *** (0.0000)	37.5620 ** (0.0017)	61.6242 *** (0.0000)	平稳
D（GUTOURATIO）	−3.78997 *** (0.0001)	32.9935 *** (0.0074)	53.1178 *** (0.0000)	平稳

注："D"表示一阶差分；***、**、*表示在1%、5%、10%显著性下拒绝原假设。

表 5.8　　　　　　　　一阶差分面板单位根检验：西部地区

变量	方法			结果
	LLC 检验	ADF 检验	PP 检验	
D（IURBANRATIO）	− 6.79427 *** (0.0000)	102.171 *** (0.0000)	128.034 *** (0.0000)	平稳
D（FINGM）	− 4.34582 *** (0.0000)	65.5677 *** (0.0000)	64.0593 *** (0.0000)	平稳
D（FINXL）	− 8.80623 *** (0.0000)	115.841 (0.0000)	126.397 (0.0000)	平稳
D（PURBANRATIO）	− 10.0759 *** (0.0000)	43.8505 *** (0.0079)	51.9480 *** (0.0008)	平稳
D（GUTOURATIO）	− 4.96695 *** (0.0000)	59.0227 *** (0.0001)	66.6129 *** (0.0000)	平稳

注："D"表示一阶差分；*** 、** 、* 表示在 1%、5%、10% 显著性下拒绝原假设。

5.3.3　协整检验

协整检验的目的是决定一组非平稳序列的线性组合是否具有稳定的均衡关系，可避免时间序列共同趋势的伪回归问题。面板数据的协整检验方法按照原假设（或零假设）可以分为两类。第一类面板数据的协整检验方法的原假设为"不存在协整关系"，具有代表性的有 Kao 检验（1999）、Pedroni 检验（2003）以及 Bai 检验（2003）等；另一类面板数据的协整检验方法的原假设为"存在协整关系"，具有代表性的有麦考斯基（McCoskey，1998）和崔（Choi，2003）等。

Pedroni 检验（2003）可以允许截距及时间趋势，并适用于非平衡面板数据，本章协整检验采用 Pedroni 检验方法。具体来说，协整方程（5.24）的残差为：

$$y_{i,t} = \alpha_i + \delta_i t + x'_{i,t} \beta_i + e_{i,t}$$
$$t = 1, 2, \cdots, i = 1, 2, \cdots, N; \beta_i = (\beta_{1i}, \beta_{2i}, \cdots, \beta_{Mi});$$
$$x_{i,t} = (x_{1i,t}, x_{2i,t}, \cdots, x_{Mi,t}) \tag{5.24}$$

在这里，Panel 公式中允许存在很大的差异，因为在模型中，单位之间的斜系数、固定效应系数和个体确定趋势系数是不同的。

在假设 H_0 下，定义：

$$z_{i,t} = (y_{i,t}, \ x'_{i,t}), \ \xi'_{i,t} = (\xi^y_{i,t}, \ \xi^x_{i,t})$$

$$z_{i,t} = z_{i,t-1} + \xi_{i,t} \tag{5.25}$$

这里过程 $\xi'_{i,t}$ 满足（对 $\forall i$，当 $T \rightarrow \infty$）：

$$\frac{1}{\sqrt{T}} \sum_{t=1}^{[T_r]} \xi_{i,t} \Rightarrow B_i(\Omega_i) \tag{5.26}$$

$B_i(\Omega_i)$ 是向量布朗运动，其渐近方差为 Ω_i，其中 $\Omega_{22i} > 0$。对于所有 i，$B_i(\Omega_i)$ 都定义为相同的概率空间，并且 $E(\xi_{i,t} \xi'_{j,s}) = 0$，对所有 s 和 t 当 $i \neq j$ 时。

因而 $\xi_{i,t}$ 过程加上截面独立，但允许数据存在一定范围的时间依赖，尤其在协整方程（5.24）中没有外生变量的时候。

在这些假设下，Pedroni 检验了 7 个 Panel Data 的协整统计，其中 4 个是用联合组内尺度描述，另外 3 个是用组间尺度来描述，作为组平均 Panel 协整统计量，在第一类 4 个检验中 3 个涉及使用 PP 检验中的非参数修正，第 4 个是基于 ADF 的参数检验，在第二类 3 个中的 2 个使用非参数修正，而第 3 个再一次用了 ADF 检验。如果我们用 γ_i 表示在第 i 单位横截面的残差自回归系数，则对所有 i，第一类检验使用下面特定的原假设和备择假设：

$$H_0: \gamma_i = 1, \ H_1: \gamma_i = \gamma < 1 \tag{5.27}$$

第二类使用：

$$H_0: \gamma_i = 1, \ H_1: \gamma_i < 1 \tag{5.28}$$

这种框架类似莱文和林（Levin & Lin, 1993）与因等（Im et al., 1997）所提到框架，在备择假设下，利用存在的差异性。第一类情况是基于原始时间序列考虑，第二类情况从被估计残差中考虑自回归系数。

下面我们以第二个组内尺度的检验，被称为 Panel ρ-统计量为例，来说明佩德罗尼（Pedroni）的协整检验方法，其他检验可以参见佩德罗尼（Pedroni, 1999）文章，这个非参统计检验要求估计 Ω_i 和长期 $\hat{u}_{i,t}$，这里：

$$\hat{e}_{i,t} = \hat{\gamma}_i \hat{e}_{i,t-1} + \hat{u}_{i,t} \tag{5.29}$$

其中，$\hat{e}_{i,t}$ 是协整方程（5.24）中的残差，这个参数检验要估计：

$$\hat{e}_{i,t} = \hat{\gamma}_i \hat{e}_{i,t-1} + \sum_{k=1}^{k_i} \hat{\gamma}_{ik} \Delta \hat{e}_{i,t-k} + \hat{u}^*_{i,t} \tag{5.30}$$

并且，使用残差 $\hat{u}^*_{i,t}$ 去估计他们的方差，既然在式（5.30）中 $\hat{u}^*_{i,t}$ 为白噪

声，接下来一步是完成构造 Panel ρ-统计量，首先方程（5.24）被估计，并得到残差，然后，估计差分方程（5.31）：

$$\Delta y_{i,t} = \beta_i' \Delta x_{i,t} + \eta_{i,t}, \quad t = 1, 2, \cdots, T; \quad i = 1, 2, \cdots, N \quad (5.31)$$

残差 $\eta_{i,t}$ 被用来计算估计 Ω_i，记为 $\hat{\Omega}_i$，利用诸如 Newey-West 估计从 $\hat{\Omega}_i$ 中得到 $\hat{L}_{11i}^2$：

$$\hat{L}_{11i}^2 = \hat{\Omega}_{11i} - \hat{\Omega}_{21i} \hat{\Omega}_{22i}^{-1} \hat{\Omega}_{21i}' \quad (5.32)$$

使用式（5.33）中 $\hat{u}_{i,t}$ 计算长期方差 $\hat{\sigma}_i^2$ 和 $\hat{\lambda}_i = 0.5(\hat{\sigma}_i^2 - \hat{s}_i^2)$，$\hat{s}_i^2$ 是简单方差（忽略截面相关），Panel ρ-统计量为：

$$T\sqrt{N}Z_{\hat{\rho}NT-1} = T\sqrt{N}\left(\sum_{i=1}^{N}\sum_{t=1}^{T}\hat{L}_{11i}^{-2}\hat{e}_{i,t-1}^2\right)^{-1}\sum_{i=1}^{N}\sum_{t1}^{T}\hat{L}_{11i}^{-2}(\hat{e}_{i,t-1}\Delta\hat{e}_{i,t-1} - \hat{\lambda}_i) \quad (5.33)$$

为了定义适合于推断的统计量，一个基于布朗函数的向量矩又一次要求用 V 和 W 作为互相独立标准布朗运动过程，其维度分别为 l 和 M，定义：

$$\tilde{\beta} = \left(\int WW'\right)^{-1}\int WV \quad (5.34)$$

$$Q = V - \tilde{\beta}'W \quad (5.35)$$

布朗函数的向量为：

$$Y' = \left(\int Q^2, \int QdQ, \tilde{\beta}'\tilde{\beta}\right) \quad (5.36)$$

用 Θ 表示这些函数平均数的向量，即：

$$\Theta' = (\Theta_1, \Theta_2, \Theta_3) \quad (5.37)$$

Ψ 是 Y 的方差－协方差矩阵，$\Psi_{(j)}$ 表示 Ψ 中 $j \times j$ 的上子矩阵且定义（$j = 1$, 2, 3）：$\phi_{(2)}' = (-\Theta_1^{-1}, \Theta_2\Theta_1^{-2})$，佩德罗尼（Pedroni）证明，在假设 H_0 下：

$$T\sqrt{N}Z_{\hat{\rho}NT-1} - \Theta_2\Theta_1^{-1}\sqrt{N} \Rightarrow N(0, \phi_{(2)}'\Psi_{(2)}\phi_{(2)}) \quad (5.38)$$

这个统计量在备择假设下趋于负无穷大，因而提供了一个一致检验，即用大的负值来拒绝原假设——无协整，佩德罗尼（Pedroni）指出每一个标准化统计量均趋于一个正态分布：

$$(\chi_{N,T} - \mu\sqrt{N})/\sqrt{v} \Rightarrow N(0, 1) \quad (5.39)$$

式中的修正因素 μ，v 依赖于考虑的统计量、自变量的个数 M 以及是否包括个体特定的常数和（或）趋势。佩德罗尼（Pedroni，1995，1997a）给出了各种情况下蒙特卡洛模拟结果，并在 1999 年给出了利用这些模拟结果构造的近似判别值。

对东、中、西部地区面板数据进行佩德罗尼（Pedroni，2001）协整检验，结果如表5.9所示。从表中可以看出，东、西部地区在1%的显著性水平下拒绝原假设，中部地区在5%的显著性水平下拒绝原假设。由此可知，东、中、西部地区面板数据变量之间均存在长期均衡的协整关系。

表5.9   面板数据的协整检验

地区	指标	t 统计量	P 值	结论
东部	Panel-PP	− 6. 692132 ***	0. 0000	存在协整关系
	Panel-ADF	− 6. 157678 ***	0. 0000	
	Group-PP	− 6. 897606 ***	0. 0000	
	Group ADF	− 5. 321871 ***	0. 0000	
中部	Panel-PP	− 2. 704398 ***	0. 0034	存在协整关系
	Panel-ADF	− 2. 109676 ***	0. 0174	
	Group-PP	− 4. 833558 **	0. 0000	
	Group ADF	− 3. 914190 ***	0. 0000	
西部	Panel-PP	− 7. 376836 ***	0. 0000	存在协整关系
	Panel-ADF	− 4. 490892 ***	0. 0000	
	Group-PP	− 10. 06861 ***	0. 0000	
	Group ADF	− 5. 385243 ***	0. 0000	

注： *** 、 ** 、 * 表示在1%、5%、10%显著性水平下拒绝原假设。

5.3.4 固定效应和随机效应检验

变截距面板数据模型分为固定效应模型和随机效应模型。固定效应假设个体效应与解释变量相关，对于不同的截面个体或不同的时间序列，模型将产生不同的截距；而随机效应则假设个体效应与解释变量不相关，截距项与残差项一样相当于随机变量。

当截面成员数 N 较大而时期数 T 较小时，固定效应和随机效应模型的估计值会有显著差异。此时，如果确信样本中的个体或者截面成员不是从一个较大的样本中随机抽取出来的，则使用固定效应模型是合适的（樊欢欢、刘荣，2014）。我们分析金融支持对产业城镇化进程影响仅涉及东、中、西部地区的个体差异，样本均为各省份数据，因此选择固定效应模型更合理。可见，本研究涉及的东、西部地区均符合采用固定效应模型的相关原则，故此均采用固定效应模型。

5.3.5 实证结果分析

采用 Eviews 8.0 对东、中、西部地区面板数据进行回归估计，可以得到三大地区金融发展对产业城镇化的影响系数，如表 5.10 所示。

表 5.10　　　　　　　　东、中、西部地区模型估计结果

解释变量	东部	中部	西部
α	0.804140 *** (47.47030)	0.823582 *** (137.9928)	0.757390 *** (50.38661)
FINGM	0.002711 * (1.663471)	0.038535 *** (21.88183)	0.036201 *** (7.235999)
FINXL	0.030574 * (1.754193)	−0.066616 *** (−9.56390)	−0.051679 *** (−2.710696)
PURBANRATIO	0.102727 *** (3.376637)	0.065910 *** (14.46460)	0.251556 *** (6.321746)
GUTOURATIO	0.062433 *** (4.035302)	0.022288 *** (4.931650)	−0.042415 ** (−2.505389)
观测值	121	88	132
R^2	0.990884	0.937444	0.948494
F 统计量	823.0254	310.9521	142.4101
Prob（F-statistic）	0.000000	0.000000	0.000000
模型方法	固定效应变截距模型	混合效应模型	固定效应变截距模型

注：*** 、 ** 、 * 表示在 1%、5%、10% 显著性水平下拒绝原假设。

模型估计结果分析：

（1）从模型拟合效果看，东、中、西部地区模型可决系数 R^2 分别为 0.990884、0.937444 和 0.948494，说明东、中、西部地区模型拟合优度较高；从 F 统计量和相应 P 值看，东、中、西部地区面板数据模型拟合度较好。从各解释变量和控制变量 t 统计量及其相关概率看，各解释变量和控制变量均在 10% 以上水平显著。

（2）从东、中、西部地区产业城镇化截距项角度看，模型估计结果显示中部地区各省市间初始产业城镇化水平更为均衡，东、西部地区初始产业城镇化的地区差异则较为显著。

表 5.11 给出了东部地区个体固定效应模型截距项数据，结果表明上海、北京和广东等省市初始产业城镇化水平最高，而海南、辽宁及河北初始产业城镇化水平较低。

表 5.11　　　　　　　　东部地区个体固定效应模型截距项数据

地区	北京	天津	辽宁	河北	山东	上海
截距项偏离度	0.041543	0.036546	− 0.02355	− 0.014789	0.001073	0.055752

地区	江苏	浙江	广东	福建	海南	
截距项偏离度	0.021051	0.029361	0.036349	− 0.011227	− 0.172107	

表 5.12 则列示了西部地区个体固定效应模型截距项数据，结果表明西部地区宁夏、青海和内蒙古 3 个省份初始产业城镇化水平位居前 3 位，而云南、广西和新疆等省区初始产业城镇化水平较低。

表 5.12　　　　　　　　西部地区个体固定效应模型截距项数据

地区	内蒙古	重庆	四川	贵州	广西	云南
截距项偏离度	0.024434	0.006589	− 0.019641	0.003631	− 0.035759	− 0.023001

地区	西藏	陕西	甘肃	青海	宁夏	新疆
截距项偏离度	0.004617	0.017135	0.001333	0.02988	0.03308	− 0.042298

（3）从金融发展规模对产业城镇化影响角度看，东、中、西部地区金融

发展规模均对地区产业城镇化产生正向影响，影响系数分别为 0.002711、
0.038535 和 0.036201；可见，中部地区金融发展规模对产业城镇化影响程度
最高，西部次之，东部最小。由表 5.1 不难发现，东、中、西部地区金融发
展规模分别为 2.331144、1.355903 和 1.823167，金融发展规模排序与金融发
展规模对产业城镇化影响系数排序正好相反。综上所述，东、中、西部地区
金融发展规模可有效促进地区产业城镇化进程，且作用大小存在边际效益递
减现象。

（4）从金融效率角度看，东、中、西部地区金融发展效率对产业城镇化
进程影响存在明显的地区差异。其中，东部地区金融发展效率对产业城镇化
有正向促进作用，中、西部地区金融发展效率的提高会抑制地区产业城镇化
率提升。金融效率由贷款余额与存款余额比值衡量，因此存贷款比率高代表
较高的金融效率，与此同时意味着更高的金融风险，对地区产业城镇化的进
程带来负面影响。对于中、西部地区而言，过度依赖银行贷款等间接融资渠
道，在促进经济增长的同时，也会对经济可持续发展及产业结构调整带来风
险，从长期来看不利于产业城镇化进程向前推进。因此在追求金融效率提高
的同时还应加强金融风险的管理和防范，有效拓展直接融资渠道，全方位推
动金融发展水平提升。

（5）从控制变量来看，人口城镇化和固定资产投资比率估计系数均通过
5% 水平的显著性检验，表明模型构建过程中选取的控制变量是适宜的。其
中，人口城镇化对东、中、西部地区产业城镇化进程具有显著促进作用，影
响系数分别为 0.102727、0.065910 和 0.251556，影响系数大小排序呈现西部
最高、东部次之、中部最低态势。表明人口向城镇地区流动有利于促进当地
产业结构向第二、第三产业转移，不断优化地区产业结构。西部地区人口城
镇化对产业城镇化影响尤为突出，原因在于：一方面，西部地区人口城镇化
水平较低，人口城镇化处于起步阶段，对产业（经济）城镇化提升效率较
高；另一方面，随着西部大开发进程加快以及地区产业转移加速，西部地区
近十几年来产业城镇化进程提速。

从固定资产投资比率角度看，东、中、西部地区固定资产投资比率对当
地产业城镇化进程影响也存在明显地区差异，东部和中部地区固定资产投资
比率提高 1 个百分点，将有助于产业城镇化分别提升 0.062433 和 0.022288
个百分点，而西部地区固定资产投资比率每提高 1 个百分点，将使地区产业

城镇化率降低 0.042415 个百分点。由样本描述性统计表可知,东、中、西部地区固定资产投资比率分别为 0.372125、0.441338 和 0.535367,东、中、西部地区固定资产投资占地区生产总值（GDP）比重依次上升,其中西部地区固定资产投资占比接近 54%。可见,固定资产投资对产业城镇化水平提升同样存在边际效益递减规律,此外,随着固定资产投资比率的进一步提升,固定资产投资不仅无法继续推动产业结构高级化和产业城镇化,反而会抑制产业城镇化率提升。

5.4　本章小结

在本章,我们采用东、中、西部地区 2005～2015 年的省际面板数据,在引入人口城镇化率（以城镇常住人口占地区常住人口比重衡量）和固定资产投资比率（以固定资产投资占 GDP 比重衡量）等控制变量情况下,通过构建面板数据模型对我国东、中、西部地区金融发展（用金融发展规模和金融效率来衡量）和产业城镇化（用第二、第三产业增加值占 GDP 比重衡量）之间的关系进行实证研究。

首先,通过构建 F 统计量对东、中、西部地区面板数据模型形式进行选择,确定东、西部地区采用变截距模型,中部地区宜采用混合回归模型;其次,分别对东、中、西部地区各变量数据进行单位根检验,检验结果显示东、中、西部地区各变量均在一阶差分后表现平稳;再次,通过 Pedroni 协整检验方法确定各变量间存在长期均衡的协整关系;最后,运用 Eviews 8.0 对东、中、西部地区金融发展对产业城镇化的支撑作用进行估计。结果表明:东、中、西部地区金融发展规模扩大均对地区产业城镇化形成正面支撑作用,而金融发展效率对东、中、西部地区产业城镇化的影响存在明显区域差异,其中对东部地区产业城镇化形成正向影响,而对中、西部地区产业城镇化产生抑制作用。

第6章

人口城镇化与金融支持的
区域差异实证研究

人口城镇化是城镇化的核心，其实质应是人口经济活动的转移过程（曹文莉、张小林、潘义勇、张春梅，2012）。城镇化是人口在比较经济利益的驱动下向较高收入的地区或部门流动的理性经济行为（Todaro，1969）。中共十八大后，我国城镇化率年均提高 1.2 个百分点，8000 多万农业转移人口成为城镇居民。与 2000～2011 年年均增速超过 1.5% 相比，年增长率有所下降。当今世界城镇化的突出特点是"高成本"，需要大量的资金和强大的经济支撑。据相关测算，中国城市化率年均增长 1 个百分点，就需要年新增住房 3 亿～4 亿平方米，建设用地 1800 平方千米，生活用水 14 亿立方米，每增加 1 个城市人就需要新增城镇固定资产投资 50 万元。可见，人口城镇化提升需要巨额资金支持。正如上文所分析，我国东、中、西部地区人口城镇化进程与金融发展存在较大差异，那么到底不同地区的金融发展怎样影响着各地区的人口城镇化进程呢？这种影响程度又有多大呢？这就需要对各地区金融发展与人口城镇化的区域差异进行实证研究。

6.1 指标的选择

6.1.1 金融发展指标

王建英、马德功（2016）等人指出，目前对我国新型城镇化提供金融支持的主要有政府和市场两种力量。白钦先、张坤（2014）等学者认为，金融资源配置原则是：在多数领域中以商业性金融为主，以政策性金融为辅，而在特定的领域中，特别是那些商业性金融不愿涉足的领域应以政策性金融为主，商业性金融为辅。如前所述，人口城镇化需要巨额资金支持，为城镇人口提供居住空间等市场化领域，商业性金融参与度较高；为城镇人口提供基础服务的基础设施、公共配套设施建设等领域，显然需要政策性金融支持方可有效推进。因此，本章在对人口城镇化进程中的金融支持进行分析时，选用各区域商业性金融发展水平和政策性金融发展水平衡量当地金融发展水平。

商业性金融发展水平采用各省份金融发展规模加以衡量，具体仍采用戈德史密斯的金融相关率指标进行测度，记为 $FINGM$。

政策性金融发展水平采用指标地方财政一般预算支出占 GDP 的比重来衡量。推动人口城镇化进程需要政府的引导和支持，而政府支持从资金角度看主要通过地方财政支出实现。通常，政府财政支出越高代表政府投资程度越强，有助于促进人口城镇化发展。因此本研究采用地方财政一般预算支出占 GDP 的比重来衡量政府财政支出的强度，表明在地区生产总值中有多大比例是通过政府财政支出来拉动的，记为 $FINCZ$。

综上所述，考虑数据可得性，本研究采用商业性金融发展指标和政策性金融发展指标衡量各省份金融发展水平。

6.1.2 人口城镇化指标

在衡量人口城镇化的指标上，仍采用第 5 章定义的常住人口城镇化率指标，记为 *PURBANRATIO*。

6.1.3 控制变量

为剔除金融发展水平以外的因素对人口城镇化变量的影响，本章选取对人口城镇化有重大影响的产业城镇化和城乡收入差距作为控制变量，原因在于：产业城镇化作为城镇化的主要动力，通过促进第二、第三产业发展增加城镇就业机会，促进人口城镇化水平提升；依据托达罗人口迁移理论，城乡收入差距对人口流动形成推 – 拉作用，因此城乡收入差距对促进农村人口向城镇流动具有一定影响。

产业城镇化率仍以各地区的第二、第三产业增加值占 GDP 比重衡量，记为 *IURBANRATIO*；城乡收入差距以各地区城镇家庭人均可支配收入/农村人均纯收入衡量，记为 *INCOMERATIO*。其中，因统计口径调整，各省份农村人均纯收入数据仅有 2005～2013 年的年度数据，2014～2015 年的年度数据均调整为人均可支配收入；为保证数据一致性，2014～2015 年农村人均纯收入以 2005～2013 年数据为基础，通过趋势法预测得到。

6.2 描述性统计

各变量数据统计结果，具体如表 6.1 所示。

表 6.1 样本描述性统计

地区	变量	观测值	平均值	标准差	最大值	最小值
东部	*PURBANRTIO*	121	0.638028	0.145688	0.896000	0.376900
	FINGM	121	2.331144	1.572137	8.677200	1.058400
	FINCZ	121	0.153345	0.054367	0.334700	0.079800
	IURBANRATIO	121	0.921002	0.070575	0.995600	0.672700
	INCOMERATIO	121	2.536483	0.277974	3.152800	1.749400

续表

地区	变量	观测值	平均值	标准差	最大值	最小值
中部	*PURBANRTIO*	88	0.472358	0.067342	0.588000	0.306500
	FINGM	88	1.355903	0.526717	2.900000	0.784100
	FINCZ	88	0.184932	0.038665	0.269700	0.102300
	IURBANRATIO	88	0.871381	0.031782	0.943500	0.819400
	INCOMERATIO	88	2.758176	0.324814	3.303900	2.025600
西部	*PURBANRTIO*	132	0.414430	0.095095	0.609400	0.208500
	FINGM	132	1.823167	0.461045	4.036100	1.061100
	FINCZ	132	0.347517	0.248576	1.346700	0.139800
	IURBANRATIO	132	0.867542	0.037819	0.926800	0.771000
	INCOMERATIO	132	3.531646	0.455244	4.592900	2.640500

人口城镇化率变量（*PURBANRATIO*）统计结果显示，东部、中部和西部人口城镇化率分别为0.638028、0.472358和0.414430，标准差分别为0.145688、0.067342和0.095095；可见，东部、中部和西部整体人口城镇化率依次降低，东部地区人口城镇化率最高，区域内部人口城镇化水平的地区差异最大；中部地区人口城镇化率整体水平高于西部地区，且区域内部各地区间城镇化水平最均衡；西部地区人口城镇化率最低，区域内部差异较大。

商业性金融发展水平（*FINGM*）统计结果显示，东部、中部和西部金融规模（金融相关率*FIR*）分别为2.331144、1.355903和1.823167，标准差分别为1.572137、0.526717和0.461045。可见，金融规模方面呈现东部最高、西部次之、中部最低的格局；区域内部差异方面，西部地区最为均衡、中部次之，东部地区金融规模的内部差异最大。

政策性金融发展（*FINCZ*）统计结果显示，东部、中部和西部金融效率分别为0.153345、0.184932和0.347517，标准差分别为0.054367、0.038665和0.248576。可见，政策性金融发展指标呈现西部最高、中部次之、东部最低的格局；区域内部差异方面西部最高、中部次之，东部最低。

产业城镇化率（*IURBANRATIO*）统计结果显示，东部、中部和西部金融规模（金融相关率 FIR）分别为 0.921002、0.871381 和 0.867542，标准差分别为 0.070575、0.031782 和 0.037819。产业城镇化率指标呈现东部、中部、西部依次降低格局，但中部和西部差距较小；区域内部差异方面，西部与中部均较为平衡，东部地区产业城镇化率的内部差异最大。

城乡收入差距（$INCOMERATIO$）统计结果显示，东部、中部和西部城乡收入差距（城乡收入比）分别为 2.536483、2.758176 和 3.531646，标准差分别为 0.277974、0.324814 和 0.455244。城乡收入差距指标东部、中部、西部依次扩大；区域内部差异方面，同样遵循东、中、西部依次扩大规律。可见，东部地区城乡收入比最小，且区域内部更为均衡。

6.3 实 证 分 析

6.3.1 模型的建立

面板数据模型的一般形式：

$$y_{it} = \alpha_i + \beta_{1i} x_{1it} + \beta_{2i} x_{2it} + \cdots + \beta_{ki} x_{kit} + u_{it} \qquad (6.1)$$
$$i = 1, 2, \cdots, N; \ t = 1, 2, \cdots, T$$

其中，y_{it} 为因变量，x_{1it}，$\cdots$，x_{kit} 为 k 个解释变量，N 为横截面个体成员的数量，T 表示每个截面成员的样本观测期数，α_i 代表面板数据模型的截距项，β_{1i}，$\cdots$，β_{ki} 为对应的 k 个解释变量的系数，u_{it} 为随机扰动项。

同样，为了避免由于模型设定偏差而造成估计结果失真，需要确定模型设定形式。此处仍采用构造 F 统计量并与其临界值比较加以确定。对东、中、西部地区数据检验结果如表 6.2 所示。由表中数据可以看出，在 5% 的显著性水平下，无论是东部、中部还是西部，F_1 统计量均大于临界值，且 F_2 统计量亦均大于临界值。该检验结果表明，东、中、西部地区拒绝采用混合模型和变截距模型，均应采用变系数模型。

表6.2　　　　　　　　　　　模型设定的协方差分析检验

地区	F_1 临界值	F_1 统计量	F_2 临界值	F_2 统计量	模型选择结果
东部	$F_1(40, 66) = 1.58$	18.36	$F_2(50, 66) = 1.54$	14.68	变系数模型
中部	$F_1(28, 48) = 1.71$	17.16	$F_2(21, 24) = 1.67$	62.63	变系数模型
西部	$F_1(44, 72) = 1.55$	13.90	$F_2(55, 72) = 1.51$	39.34	变系数模型

注：F_1 和 F_2 均在5%的显著性水平下取值。

综上所述，东、中、西部地区金融发展与人口城镇化关系的实证模型为：

$$PURBANRATIO_{it} = \alpha_i + \beta_{1i}FINGM_{1it} + \beta_{2i}FINCZ_{2it} + \beta_{3i}IURBANRATIO_{3it}$$
$$+ \beta_{4i}INCOMERATIO_{4it} + u_{it} \quad\quad (6.2)$$
$$i = 1, 2, \cdots, N; \ t = 1, 2, \cdots, T$$

其中，α 为截距项，i 表示省市自治区，t 表示年份，u 表示随机扰动项。该模型满足经典计量方程的基本假设。

6.3.2　单位根检验

为避免模型的伪回归问题，同样需要对数据进行稳定性检验以便进行下一步的协整检验。

对东、中、西部地区分别进行 LLC 检验、Fisher-ADF 检验和 Fisher-PP 检验三种单位根检验（三种检验方法原理同第5章），检验结果如表6.3至表6.5所示。由表6.3和表6.4可知，东、中部地区人口城镇化率、金融发展规模、财政支出比率、产业城镇化率及城乡收入比等指标单位根检验均无法拒绝原假设，说明东、中部地区 PURBANRATIO、FINGM、FINCZ、IURBANRATIO 和 INCOMEURATIO 序列均存在单位根，为非平稳性序列。东、中、西部地区各统计量的 P 值均大于0.1（西部地区城乡收入比单位根检验统计量 P 值小于0.1），表示各统计量在三种检验下均无法拒绝原假设，说明 PURBANRATIO、FINGM、FINCZ、IURBANRATIO 和 INCOMEURATIO（西部地区除外）序列均存在单位根，为非平稳性序列。为了得到平稳性序列需要进行差分处理，各变量一阶差分单位根检验如表6.6至表6.8所示。由表中可知，在一阶差分的情况下，东、中、西部地区各统计量的 P 值均小于0.01，表示各统计量在三种检验下均拒绝有单位根的原假设，接受无单位根的备择假设，说明 *PURBANRATIO*、*FINGM*、*FINCZ*、*IURBANRATIO* 和 *INCOMEURATIO* 序列在一阶差分下均不存在单位根，为平稳性序列。

表6.3   **变量面板单位根检验：东部地区**

变量	方法			结果
	LLC 检验	ADF 检验	PP 检验	
PURBANRATIO	10.7310 （1.0000）	2.20282 （1.0000）	1.82584 （0.9999）	不平稳
FINGM	4.46382 （1.0000）	1.79455 （1.0000）	0.67156 （1.0000）	不平稳
FINCZ	9.68922 （1.0000）	0.93472 （1.0000）	0.87602 （1.0000）	不平稳
IURBANRATIO	6.86880 （1.0000）	0.38097 （1.0000）	0.06525 （1.0000）	不平稳
INCOMERATIO	− 1.82530 （0.0340）	24.0271 （0.3458）	24.7240 （0.3105）	不平稳

注：单位根检验选择"none"项；括号中的数值为统计量的 P 值。

表6.4   **变量面板单位根检验：中部地区**

变量	方法			结果
	LLC 检验	ADF 检验	PP 检验	
PURBANRATIO	9.50181 （1.0000）	0.27324 （1.0000）	0.01018 （1.0000）	不平稳
FINGM	3.94357 （1.0000）	1.91967 （1.0000）	0.79606 （1.0000）	不平稳
FINCZ	6.85871 （1.0000）	1.44465 （1.0000）	1.37208 （1.0000）	不平稳
IURBANRATIO	6.78368 （1.0000）	5.75638 （0.9905）	5.03245 （0.9956）	不平稳
INCOMERATIO	− 5.34710 （1.0000）	50.9051 （1.0000）	63.0724 （1.0000）	不平稳

注：单位根检验选择"none"项；括号中的数值为统计量的 P 值。

表6.5 变量面板单位根检验：西部地区

变量	方法			结果
	LLC 检验	ADF 检验	PP 检验	
PURBANRATIO	33. 1060 （1. 0000）	0. 91999 （1. 0000）	0. 01792 （1. 0000）	不平稳
FINGM	5. 71096 （1. 0000）	1. 19590 （1. 0000）	0. 27377 （1. 0000）	不平稳
FINCZ	6. 13352 （1. 0000）	1. 39773 （1. 0000）	0. 90747 （1. 0000）	不平稳
IURBANRATIO	7. 94408 （1. 0000）	2. 76047 （1. 0000）	0. 77252 （1. 0000）	不平稳
INCOMERATIO	5. 57237 *** （0. 0000）	63. 8648 *** （0. 0000）	68. 6090 *** （0. 0000）	平稳

注：单位根检验选择"none"项；括号中的数值为统计量的 P 值。

表6.6 一阶差分面板单位根检验：东部地区

变量	方法			结果
	LLC 检验	ADF 检验	PP 检验	
D（*PURBANRATIO*）	− 4. 14572 *** （0. 0000）	38. 4796 ** （0. 0162）	45. 0054 *** （0. 00256）	平稳
D（*FINGM*）	− 7. 55970 *** （0. 0000）	77. 9537 *** （0. 0000）	76. 1720 *** （0. 0000）	平稳
D（*FINCZ*）	− 2. 88324 *** （0. 0020）	27. 6520 （0. 1875）	31. 1577 * （0. 0929）	平稳
D（*IURBANRATIO*）	− 8. 62942 *** （0. 0000）	98. 5607 *** （0. 0000）	106. 925 *** （0. 0000）	平稳
D（*INCOMERATIO*）	− 7. 65467 *** （0. 0000）	81. 2110 *** （0. 0000）	78. 8956 *** （0. 0000）	平稳

注："D"表示一阶差分；*** 、** 、* 表示在1%、5%、10% 显著性下拒绝原假设。

表 6.7 一阶差分面板单位根检验：中部地区

变量	方法			结果
	LLC 检验	ADF 检验	PP 检验	
D（*PURBANRATIO*）	−4.48409 *** (0.0000)	37.5620 *** (0.0017)	61.6242 *** (0.0000)	平稳
D（*FINGM*）	−7.02989 *** (0.0000)	64.6315 *** (0.0000)	62.6673 *** (0.0000)	平稳
D（*FINCZ*）	−4.18975 *** (0.0000)	34.9005 *** (0.0041)	41.1154 *** (0.0005)	平稳
D（*IURBANRATIO*）	−5.98242 *** (0.0001)	58.1429 *** (0.0074)	58.5013 *** (0.0000)	平稳
D（*INCOMERATIO*）	−6.04465 *** (0.0000)	53.4968 *** (0.0000)	53.6087 *** (0.0000)	平稳

注："D"表示一阶差分；*** 、** 、* 表示在1%、5%、10%显著性下拒绝原假设。

表 6.8 一阶差分面板单位根检验：西部地区

变量	方法			结果
	LLC 检验	ADF 检验	PP 检验	
D（*PURBANRATIO*）	−10.0759 *** (0.0000)	43.8505 *** (0.0079)	51.9480 *** (0.0008)	平稳
D（*FINGM*）	−4.34582 *** (0.0000)	65.5677 *** (0.0000)	64.0593 *** (0.0000)	平稳
D（*FINCZ*）	−6.63842 *** (0.0000)	71.3891 *** (0.0000)	73.6877 *** (0.0000)	平稳
D（*IURBANRATIO*）	−6.79427 *** (0.0000)	102.171 *** (0.0000)	128.034 *** (0.0000)	平稳
D（*INCOMERATIO*）	−8.34470 *** (0.0000)	98.1060 *** (0.0000)	97.5102 *** (0.0000)	平稳

注："D"表示一阶差分；*** 、** 、* 表示在1%、5%、10%显著性下拒绝原假设。

6.3.3 协整检验

协整检验可避免时间序列共同趋势的伪回归问题，如前所述，协整检验依据原假设的不同可分为两大类。本章采用 Kao 协整检验法，该方法由 Engle-Granger 两步法推广而成，其原假设为"不存在协整关系"。Kao 协整检验原理如下：

考虑如下面板回归模型：

$$y_{it} = \beta x_{it} + \gamma z_{it} + e_{it} \qquad (6.3)$$

其中，e_{it} 是非协整的残差。对于 $z_{it} = \{\mu_i\}$，Kao（1999）利用 DF 和 ADF 型单位根检验没有协整的零假设。DF 型统计量可以从固定效应模型的残差检验式

$$\hat{e}_{it} = \hat{\rho} e_{i,t-1} + v_{it} \qquad (6.4)$$

计算得到：$\hat{e}_{it} = \tilde{y}_{it} - x_{it}\hat{\beta}$，$\tilde{y}_{it} = y_{it} - y_i$。为了检验没有协整关系的零假设，零假设可以写成：$H_0 : \beta = 1$。

ρ 的组内 OLS 估计和 t-统计量分别是：

$$\hat{\rho} = \frac{\sum_{i=1}^{N}\sum_{t=1}^{T} \hat{e}_{it}\hat{e}_{i,t-1}}{\sum_{i=1}^{N}\sum_{t=1}^{T} \hat{e}_{it}^2} \qquad (6.5)$$

$$t_{\rho} = \frac{(\hat{\rho}-1)\sqrt{\sum_{i=1}^{N}\sum_{t=1}^{T} \hat{e}_{i,t-1}^2}}{s_e} \qquad (6.6)$$

其中，

$$s_e^2 = (1/NT)\sum_{i=1}^{N}\sum_{t=1}^{T} (\hat{e}_{it} - \hat{\rho}\hat{e}_{i,t-1})^2 \qquad (6.7)$$

Kao 提出了以下四种 DF 型检验：

$$DF_{\rho} = \frac{\sqrt{NT}(\hat{\rho}-1) + 3\sqrt{N}}{\sqrt{10.2}} \qquad (6.8)$$

$$DF_t = \sqrt{1.25}t_{\rho} + \sqrt{1.875N} \qquad (6.9)$$

$$DF_\rho^* = \frac{\sqrt{NT}(\hat{\rho}-1) + \dfrac{3\sqrt{N}\hat{\sigma}_v^2}{\hat{\sigma}_{ov}^2}}{\sqrt{3 + \dfrac{36\hat{\sigma}_v^4}{5\hat{\sigma}_{ov}^4}}} \tag{6.10}$$

$$DF_t^* = \frac{t_\rho + \dfrac{\sqrt{6N}\hat{\sigma}_v}{2\hat{\sigma}_{ov}}}{\sqrt{\dfrac{\hat{\sigma}_{ov}^2}{2\hat{\sigma}_v^2} + \dfrac{3\hat{\sigma}_v^2}{10\hat{\sigma}_{ov}^2}}} \tag{6.11}$$

其中，$\hat{\sigma}_v^2 = \hat{\Sigma}_{yy} - \hat{\Sigma}_{yx}\hat{\Sigma}_{xx}^{-1}$，$\hat{\sigma}_{ov}^2 = \hat{\Omega}_{yy} - \hat{\Omega}_{yx}\hat{\Omega}_{xx}^{-1}$。$DF_\rho$ 和 DF_t 检验适用于解释变量和误差项具有外生关系的情形；DF_ρ^* 和 DF_t^* 检验适用于解释变量和误差项具有内生关系的情形。

对于 ADF 检验，用以下回归公式：

$$\hat{e}_{it} = \rho\hat{e}_{i,t-1} + \sum_{j=1}^p \theta_j \Delta\hat{e}_{i,t-j} + v_{itp} \tag{6.12}$$

构造用于检验原假设为"没有协整关系"的 ADF 统计量如下：

$$ADF = \frac{t_{ADF} + \dfrac{\sqrt{6N}\hat{\sigma}_v}{2\hat{\sigma}_{ov}}}{\sqrt{\dfrac{\hat{\sigma}_{ov}^2}{2\hat{\sigma}_v^2} + \dfrac{3\hat{\sigma}_v^2}{10\hat{\sigma}_v^2}}} \tag{6.13}$$

其中，t_{ADF} 是式（6.4）的 t 统计量。DF_ρ、DF_t、DF_ρ^*、DF_t^* 和 ADF 均服从标准正态分布 $N(0,1)$。

对东、中、西部地区面板数据进行 Kao 协整检验，结果如表 6.9 所示。从表中可以看出，东部、中部和西部地区均在 5% 的显著性水平下拒绝原假设。由此可知，东、中、西部地区面板数据变量之间均存在长期均衡的协整关系。

表 6.9   面板数据的协整检验

地区	指标	t 统计量	P 值	结论
东部地区	ADF	− 2.067204 **	0.0194	存在协整关系
中部地区	ADF	− 2.282602 **	0.0112	存在协整关系
西部地区	ADF	− 1.971577 **	0.0243	存在协整关系

注：***、**、* 表示在 1%、5%、10% 显著性水平下拒绝原假设。

6.3.4 固定效应和随机效应检验

通过构建 F 统计量，我们确定了东、中、西部地区估计模型形式均为变系数模型，变系数模型可分为固定效应模型和随机效应模型两种。如前所述，当截面成员数 N 较大而时期数 T 较小时，固定效应和随机效应模型的估计值会有显著差异。当样本中的个体或者截面成员不是从一个较大的样本中随机抽取出来的，可采用固定效应模型。同时，考虑到进行豪斯曼检验需要在随机效应估计结果基础上进行，而东、中、西部地区人口城镇化实证模型存在截面地区数量大于时间序列个数的情况。综上所述，本章涉及东、中、西部地区变系数模型均采用固定效应模型。

6.3.5 实证结果分析

6.3.5.1 模型估计结果

本研究选择固定效应变系数模型进行回归估计，在估计过程中需要考虑选择合适的面板数据权重。首先，由于各地区金融以及经济存在差异，常常会导致面板数据出现截面异方差，需要选择特定权重消除截面异方差的影响；其次，考虑到本书研究数据可比性，只涉及 2005 ~ 2015 的年度数据，从而导致各个地区横截面个数大于时序个数。鉴于以上两点，本研究在回归时选择截面加权 GLS 估计法。对东、中、西部地区面板数据进行回归估计，可以得到各地区金融发展对人口城镇化率的影响，如表 6.10 至表 6.12 所示。

6.3.5.2 模型估计结果分析

（1）从模型拟合效果看，东部、中部和西部地区模型可决系数 R^2 分别为 0.999367、0.996965 和 0.997227，说明三大区域模型拟合优度均很高；F 统计量分别为 1930.511、404.2352 和 438.8337，相应 P 值均为 0.000000，从 F 统计量和相应 P 值看，东、中、西部地区面板数据模型总体线性关系显著。从各解释变量和控制变量 t 统计量及其相关概率看，70% 以上的解释变量和控制变量均在 10% 以上水平显著。

表 6.10 东部地区模型估计结果

地区	系数 α		系数 β_{1i}		系数 β_{2i}		系数 β_{3i}		系数 β_{4i}	
	α 值	P 值	β_{1i} 值	P 值	β_{2i} 值	P 值	β_{3i} 值	P 值	β_{4i} 值	P 值
北京	-2.997168 ***	0.0000	-0.000043	0.9854	0.158940	0.4294	3.898041 *	0.0513	-0.017669 *	0.0576
天津	-2.360879 ***	0.0000	0.021631 *	0.0942	-0.019451	0.9543	3.267806 ***	0.0007	-0.047861 **	0.0176
河北	-0.830934 ***	0.0000	0.043448	0.2746	0.953696 ***	0.0010	1.277322 **	0.0244	-0.011754	0.4613
辽宁	-0.874737 ***	0.0000	-0.015131	0.5289	0.802996 ***	0.0000	2.055173 ***	0.0000	-0.189745 ***	0.0000
山东	-0.769541 ***	0.0000	-0.019360	0.5126	1.349077 ***	0.0044	1.393150 *	0.0573	-0.040572 ***	0.0040
上海	-3.486138 ***	0.0000	0.002008	0.8196	-0.465806 ***	0.0027	4.700158 **	0.0233	-0.090035 *	0.0887
江苏	-1.714774 ***	0.0000	0.028355	0.5497	1.895961 ***	0.0025	2.414461 **	0.0106	-0.091313 ***	0.0002
浙江	-0.013420 ***	0.0000	0.023670 *	0.0764	-0.088851	0.7610	1.373695 **	0.0183	-0.304073 ***	0.0000
广东	-1.909402 ***	0.0000	0.004578	0.7993	0.287575	0.1499	2.718317 ***	0.0001	-0.020911 **	0.0490
福建	-0.346221 ***	0.0000	0.082690 **	0.0168	1.035526 ***	0.0048	0.786712	0.1385	-0.013155	0.4292
海南	0.194207 ***	0.0000	0.016216 *	0.0681	0.078157	0.1351	0.564915 ***	0.0000	-0.057804 ***	0.0000

$R^2 = 0.999367$；D. W 统计量 = 2.151159；F 统计量 = 1930.511；Prob（F-statistic）= 0.000000

注：***、**、* 表示在 1%、5%、10% 显著性水平下拒绝原假设。

表6.11

中部地区模型估计结果

地区	系数 α		系数 β_{1i}		系数 β_{2i}		系数 β_{3i}		系数 β_{4i}	
	α 值	P 值	β_{1i} 值	P 值	β_{2i} 值	P 值	β_{3i} 值	P 值	β_{4i} 值	P 值
黑龙江	0.859260 **	0.0449	−0.009839	0.2373	0.216426 ***	0.0001	−0.338024 ***	0.0000	−0.019843 **	0.0339
吉林	0.284512 **	0.0449	0.029684 ***	0.0012	−0.228237 **	0.0196	0.336117 ***	0.0016	−0.014678 **	0.0500
山西	−1.511071 **	0.0449	0.098013 ***	0.0011	0.026478	0.9235	2.572452 ***	0.0000	−0.213698 ***	0.0000
河南	0.26111 **	0.0449	−0.052328 *	0.0888	1.273776 ***	0.0000	0.28264	0.2212	−0.091349 ***	0.0000
安徽	−0.388322 **	0.0449	−0.021924	0.4020	0.267536 **	0.0141	1.242919 ***	0.0002	−0.088437 ***	0.0001
江西	0.056334 **	0.0449	−0.006772	0.8650	0.823834 ***	0.0003	0.38053	0.1933	−0.037856	0.2964
湖北	0.265704 **	0.0449	0.02412	0.5591	0.084775	0.3125	0.968161 **	0.0146	−0.23797 ***	0.0000
湖南	−1.570991 **	0.0449	−0.200067 **	0.0477	1.58717 ***	0.0001	1.899702 ***	0.0008	0.11127 **	0.0402

$R^2 = 0.996965$；D. W 统计量 = 1.962324；F 统计量 = 404.2352；Prob（F-statistic）= 0.000000

注：***、**、*表示在 1%、5%、10% 显著性水平下拒绝原假设。

表 6.12 西部地区模型估计结果

地区	系数 α		系数 β_{1i}		系数 β_{2i}		系数 β_{3i}		系数 β_{4i}	
	α 值	P 值	β_{1i} 值	P 值	β_{2i} 值	P 值	β_{3i} 值	P 值	β_{4i} 值	P 值
内蒙古	-0.215377 *	0.0833	0.156382 *	0.0664	0.242040	0.5518	0.944893 ***	0.0002	-0.099679 **	0.0451
重庆	-0.248697 *	0.0833	0.020591	0.2287	0.067533	0.5115	1.045327 ***	0.0000	-0.069173 ***	0.0000
四川	-0.359452 *	0.0833	-0.068062	0.1790	0.263866 *	0.0501	1.383670 ***	0.0005	-0.120814 ***	0.0004
贵州	0.183417 *	0.0833	0.099148 ***	0.0000	-0.058216	0.7153	0.270656	0.3744	-0.064552 ***	0.0057
广西	-0.531851 *	0.0833	-0.114792 ***	0.0000	0.721709 ***	0.0000	1.378594 ***	0.0000	-0.046429 ***	0.0000
云南	1.464530 *	0.0833	0.045775 **	0.0223	-0.089709 ***	0.0081	-0.700058 *	0.0662	-0.144319 ***	0.0000
西藏	-0.171559 *	0.0833	0.030762 ***	0.0000	-0.010790	0.5593	0.259017	0.1567	0.031703 ***	0.0001
陕西	-0.916915 *	0.0833	-0.061124 **	0.0284	0.801467 ***	0.0000	1.868592 ***	0.0036	-0.095647 ***	0.0000
甘肃	-0.123932 *	0.0833	0.091365 ***	0.0000	0.192967	0.1441	0.297747	0.4886	-0.000450	0.9895
青海	-0.278457 *	0.0833	0.058798 ***	0.0048	-0.004564	0.9351	0.965696 **	0.0183	-0.070937 ***	0.0014
宁夏	-0.699116 *	0.0833	-0.093999 ***	0.0093	0.581297 ***	0.0006	1.677650 ***	0.0000	-0.107587 ***	0.0000
新疆	0.050922 *	0.0833	0.061331	0.1410	0.209657 *	0.1023	0.300997	0.3265	-0.012258	0.7686

$R^2 = 0.997227$；D. W 统计量 $= 2.200978$；F 统计量 $= 438.8337$；Prob(F-statistic) $= 0.000000$

注：***、**、* 表示在 1%、5%、10% 显著性水平下拒绝原假设。

（2）金融发展规模指标（具体以金融相关率衡量）角度看，东、中、西部地区金融发展规模对人口城镇化进程的影响存在明显地区差异。全国范围内，有 19 个省份金融相关率提高推动了人口城镇化进程，12 个省份金融相关率提高则抑制了人口城镇化率的提升，可见，金融发展规模扩大总体上对我国人口城镇化具有正向促进作用。内蒙古、贵州和山西金融发展规模对人口城镇化进程影响系数位居前 3 位，分别为 0.156382、0.099148 和 0.098013。从东、中、西部地区层面看，金融发展规模在东部、西部地区更多呈现加快人口城镇化进程的正向作用，中部地区抑制作用更为普遍。金融发展规模对人口城镇化促进作用排名前 10 位省份中，西部地区占 7 席；与此同时，排名倒数末 5 位中，西部地区占 4 席。可见，西部地区金融发展规模对人口城镇化进程影响差异巨大。进一步分析发现，金融发展规模影响系数排名前 10 位省份，其城乡收入比均较高，可以认为，在城乡收入差距大的地区，金融发展规模扩大更易促进人口城镇化率的提升。详细统计结果见表 6.13。

表 6.13　　　　金融发展规模对人口城镇化进程影响系数分析

项目	全国	东部	中部	西部
均值	0.008875	0.017097	-0.017389	0.018800
正向/负向地区数	19/12	8/3	5/3	8/4
全国前 10 位地区数	—	7	1	2
全国末 5 位地区数	—	0	1	4

（3）从政策性金融发展对人口城镇化影响角度看，财政支出比率提升总体上对我国人口城镇化进程有正向促进作用，影响系数均值为 0.417962。区域层面看，我国东、中、西部地区财政支出比率影响系数均值分别为 0.544347、0.506470 和 0.243105；可见，东、中、西部地区财政支出比率提升均有利于加快人口城镇化进程，影响系数东部最高、中部次之、西部最低。结合表 6.1 可知，东、中、西部地区财政支出比率高低顺序依次为西部、中部和东部地区，其中西部地区财政支出比率为 0.347517，远高于东部和中部地区。可以认为，地方财政预算支出在促进人口城镇化进程中存在边际效益递减现象，西部地区存在过度依赖财政支出推动经济增长和人口城镇化进程的现象，随着财政支出比率的

提升,财政支出对人口城镇化的促进作用减弱。从地区层面看,政策性金融发展对人口城镇化影响系数排名靠前的省市自治区有江苏、湖南、山东、河南和福建,影响系数分别为 1. 895961、1. 58717、1. 349077、1. 273776 和 1. 035526,表明 5 个省份财政支出比率每提高 1 个百分点,人口城镇化率提升幅度均超过 1 个百分点。此外,影响系数排名靠前地区其财政支出比率大多低于 0. 2,排名靠后地区如青海、西藏、贵州和云南等,其地区财政支出比率均在 0. 3 以上,其中西藏财政支出比率高达 1. 0705。政策性金融发展对人口城镇化进程影响详细统计结果见表 6. 14。

表 6. 14　　　　政策性金融发展对人口城镇化进程影响系数分析

项目	全国	东部	中部	西部
均值	0. 417962	0. 544347	0. 506470	0. 243105
正向/负向地区数	23/8	8/3	7/1	8/4
全国前 10 位地区数	—	5	3	2
全国末 5 位地区数	—	2	1	2

(4) 从控制变量来看,大部分省份产业城镇化率和城乡收入比估计系数均通过 5% 水平的显著性检验,表明模型控制变量选取合理。

第一,产业城镇化率变量方面,产业城镇化对我国人口城镇化进程具有显著推动作用,影响系数均值高达 1. 33829,即产业城镇化率提高 1%,人口城镇化率提升 1. 34%。从东、中、西部三大地区层面看,东、中、西部地区产业城镇化对人口城镇化进程影响系数分别为 2. 222705、0. 918062 和 0. 807732,影响系数大小排序呈现东部最高、中部次之、西部最低态势。其中,东部产业城镇化率提升对人口城镇化进程促进作用尤为突出,表明东部地区第二、第三产业的发展对本地及外地农村人口具有强大吸引力;中、西部地区第二、第三产业发展同样对农村人口具有十分明显的吸附作用,然而,中、西部地区缺乏对外地流动人口的吸附力,导致其产业城镇化影响系数远低于东部地区。

地区层面看,产业城镇化影响系数排名全国前 10 位省份中,东部地区占 6 席,中、西部各占 2 席。其中上海、北京和天津分列三甲,影响系数分别为 4. 700158、3. 898041 和 3. 267806。产业城镇化对人口城镇化进程形成负向作用的地区为黑龙江和云南,其中黑龙江省作为我国主产粮区,在东北地区经济发展和投资环境恶化等因素叠加影响下,第二、第三产业增加值占 GDP 比重出现下滑态势,导致产业城镇化进程倒退,从而抑制了地区人口城镇化进程。

产业城镇化对人口城镇化进程影响详细统计结果见表 6.15。

表 6.15　　　　　　产业城镇化对人口城镇化进程影响系数分析

项目	全国	东部	中部	西部
均值	1.33829	2.222705	0.918062	0.807732
正向/负向地区数	23/8	8/0	7/1	11/1
全国前 10 位地区数	—	6	2	2
全国末 5 位地区数	—	2	1	2

第二,从城乡收入差距角度看(见表 6.16),无论是全国层面抑或是东部、中部、西部三大区域层面,城乡收入比对人口城镇化进程均产生负向作用。东、中、西部地区城乡收入比对人口城镇化的影响系数均值分别为 -0.080445、-0.074070 和 -0.066679,影响系数区域间差异相对较小。

表 6.16　　　　　　城乡收入差距对人口城镇化进程影响系数分析

项目	全国	东部	中部	西部
均值	-0.073471	-0.080445	-0.074070	-0.066679
正向/负向地区数	2/29	0/8	1/7	1/11
全国前 10 位地区数	—	4	3	3
全国末 5 位地区数	—	2	2	1

从表 6.11 可知,我国东、中、西部地区人口城镇化水平呈依次下降态势、城乡收入比呈依次扩大态势,这印证了毛其淋(2011)、李长亮(2015)等人给出的"城镇化会显著地缩小城乡收入差距"的结论,与欧阳金琼、王雅鹏(2014)提出的"城乡收入差距与城镇化所处的发展阶段有关,城镇化对城乡收入差距的作用具有时间效应和区域效应"观点更是不谋而合。根据

诺萨姆（Northam，1975）提出的城镇化发展"S 形曲线"，国内学者周一星（1995）将人口城镇化进程分为 3 个阶段：20% ~ 30% 为起始阶段，30% ~ 70% 为加速阶段，70% 以上为停滞阶段。随着我国人口城镇化进程进入加速阶段中后期，人口城镇化率提升会明显缩小城乡收入差距，表现为我国现阶段城乡收入比与人口城镇化率呈现负向背离关系。可能原因在于：首先，农业现代化水平提高所引致的单产提升与农村常住人口减少叠加，大幅提高了农村居民人均纯收入，而大量农村剩余劳动力进入城镇一定程度上拉低了城镇居民人均可支配收入提高幅度。其次，城乡收入比下降反映出我国城乡收入差距相对下降，然而由于基数的巨大差异，城乡收入差距绝对额仍保持扩大趋势。表 6.17 显示，2005 ~ 2015 年东、中、西部地区城乡收入差距绝对额逐年提高。最后，随着流动人口代际转换加速（刘天金、蔡志强，2007；邓睿、冉光和，2017），新生代农民工逐渐替代第一代农民工成为推动我国人口城镇化进程的主力军：一方面，新生代农民工向往城市生活，渴望融入城市；另一方面，新生代农民工大多缺乏务农经验。因此，即便在收入差距上的优势不再突出，流向城镇也是大多数农村青年的优先选择。

表 6.17	东、中、西部地区城乡收入差距情况		单位：元
年份	东部	中部	西部
2005	4268	3014	3291
2006	4804	3352	3588
2007	5319	3722	4001
2008	5761	3925	4254
2009	6361	4337	4675
2010	6792	4551	4938
2011	7208	4860	5264
2012	7873	5366	5805
2013	8146	5734	6142
2014	8563	6071	6513
2015	9142	6404	6998

6.4 本章小结

在本章，我们以人口城镇化为被解释变量、以商业性金融发展水平和政策性金融发展水平作为解释变量，在引入产业城镇化和城乡收入比等控制变量基础上，构建东、中、西部地区 2005～2015 年的省际面板数据模型。

通过构建 F 统计量，确定东、中、西部地区均宜采用变系数模型对相关变量进行估计。并分别对东、中、西部地区人口城镇化率、金融相关率、财政支出比率、产业城镇化率和城乡收入比等指标序列进行单位根检验，结果显示东、中、西部地区各变量均在一阶差分后表现平稳。在此基础上，通过 Kao 协整检验方法确定各变量间存在长期均衡的协整关系。最后，运用 Eviews 8.0 对面板数据模型进行估计。结果表明：

以金融相关率衡量的商业性金融发展水平对东、中、西部地区人口城镇化进程的影响存在明显的地区差异，但总体上呈现正向促进作用；以财政支出比率衡量的政策性金融发展水平对东、中、西部地区均有推动作用，这种作用随着财政支出比率的提高而呈现边际效益递减趋势；产业城镇化率变量对东、中、西部地区人口城镇化进程均具有显著的推动作用，其中，东部地区产业城镇化率提升对区域人口城镇化进程的促进作用尤为突出；东、中、西部地区城乡收入比与人口城镇化呈现负向背离关系。

第7章

空间城镇化与金融支持的
区域差异实证研究

　　空间城镇化发展即是城镇规模的扩张过程。城镇规模扩张主要通过城市建成区面积指标衡量（黄泰岩、石腾超，2013）。所谓城市建成区（建成区），是指城市行政区内实际已成片开发建设、市政公用设施和公共设施基本具备地区。进入21世纪以来，我国空间城镇化进程明显加速。2005～2015年间，我国城市建成区面积由34527平方千米拓展至54115平方千米，增幅高达56.7%，年均拓展速度为4.6%；其间，空间城镇化率由0.36%上升至0.56%。空间城镇化率大幅提升，对城建资金需求急速增长。按照联合国推荐的标准，发展中国家城市基础设施建设投资应占到固定资产总投资的9%～15%，或占GDP的3%～5%。据此标准，"十三五"期间我国年均城市基础设施建设投资将达到2.4万亿～4万亿元。可见，空间城镇化发展需要巨量资金投入，离不开金融系统支持。

　　有关金融支持和城市发展建设的关系，国内外研究已经进行了一些很有价值的探讨。寺西

（Teranishi，1997）认为，城市基础设施融资、城市住房融资行为大量存在于城市化进程中，满足这些项目的融资需求能够有效支持城市规模的扩大。金（Kim，1997）的研究结果显示，城市化过程中，金融发展刺激了房地产投资和基础设施建设。理查德（Richard，1953）通过建立回归模型定量分析了投资水平、经济发展水平等经济因素对美国和英国城市化的影响效应，研究表明城市化受资本投入影响最为显著。牛启春和刘翔（2008）利用误差修正模型研究发现，从长期看金融发展能够促进城镇化，但在短期内金融发展对城镇化没有影响。李宝礼、胡雪萍（2014）利用安徽省16个地级市面板数据，研究了金融发展对人口城镇化和土地城镇化发展的支持作用，结果发现政府对银行信贷资金的占有能力越强，土地城镇化的扩张速度越快。李宝礼、胡雪萍（2016）基于2000~2012年土地开发面积的月度数据进行实证研究，指出土地城镇化速度会随着金融支持力度的提高而加快，认为我国土地城镇化发展中存在金融支持过度问题。

可见，国内外学者均对空间城镇化进程中的金融支持问题给予了大量关注，有的学者从全国层面对两者关系进行研究，有的学者针对某一具体省份进行实证分析。然而，从东、中、西部地区分别对空间城镇化的金融支持加以研究的文献还较少，定量分析和实证研究成果尤显不足。本章致力于构建东、中、西部地区空间城镇化与金融发展的面板数据模型，通过实证研究探讨金融发展对空间城镇化进程的影响。实证研究采用2005~2015年我国31个省份的面板数据（不包含我国港澳台地区）。数据来源《中国统计年鉴》、CNKI中国经济社会发展统计数据库以及各省市自治区统计年鉴。模型检验及分析软件采用Eviews 8.0。

7.1 指标的选择

7.1.1 金融发展指标

赵（Cho，2003）等的研究认为，土地投资和开发是城镇化建设的重要方面，金融支持城镇的土地投资和开发极大地促进了城镇化发展。李强、陈宇琳、刘精明（2012）等学者将我国空间城镇化概括为"推进模式"，李云新、杨磊（2015）进一步指出，我国空间城镇化"推进模式"是指地方政府通过控制土地和资本等资源要素，利用行政权力推进城镇建设和开发，其动力主要源自政府推力而非市场拉力，通过郊区化路径实现城市空间的扩展。邱俊杰、邱兆祥（2013）指出，在过去较长时间内，投融资体制改革虽取得了一定成果，但我国城镇化建设的资金主要由政府财政负担，缺乏可持续性。

可见，我国空间城镇化得到了市场化金融资金和财政性金融资金支持，其中后者是空间城镇化的主要融资渠道。因此，本章在选取金融发展指标时，同样将其分为商业性金融发展水平和财政性金融发展水平两类，分别用金融发展规模和财政支出比率加以衡量。指标内涵与计算同第 6 章。

7.1.2 空间城镇化指标

在衡量空间城镇化的指标上，遵循国内外学者普遍做法，采用各省份城市建成区面积与省域土地面积的比值衡量空间城镇化率。

7.1.3 控制变量

本章选择对空间城镇化有重大影响的产业城镇化率和固定资产投资比率作为控制变量。一方面，产业城镇化提升带动产业发展用地、基础设施建设用地规模扩张，通过吸引人口流入城镇带动城镇居住生活空间向外拓展。陈林心、何宜庆、徐夕湘（2017）指出，在空间上推进新型城镇化，就是要构建区域经济和产业空间布局紧密衔接的城市空间生态。赵峥、倪鹏飞（2012）认为，产业城镇化可持续发展与空间城镇化可持续发展高度相关。另一方面，空间城镇化进程主要涉及基础设施建设和城市公用事业建设等领域，曾小春、钟世和（2017）等采用城镇固定资产投资来衡量两者对资金的需求，可以认为，固定资产投资对空间城镇化具有重要影响。综上所述，为研究空间城镇化的金融支持，需要控制产业城镇化和固定资产投资对空间城镇化的影响。本章产业城镇化率和固定资产投资比率两个变量内涵与第 5 章一致。

7.2　描述性统计

表 7.1 列示各变量数据统计结果，具体如下：

空间城镇化率变量（*SURBANRATIO*）统计结果显示，东、中、西部地区空间城镇化率分别为 0.038677、0.007487 和 0.003001，标准差分别为 0.041413、0.003023 和 0.003129，可见，东、中、西部地区整体空间城镇化率依次降低。其中，东部地区空间城镇化率最高，且远高于中部和西部地区；与此同时，区域内部人口城镇化水平的地区差异最大；作为人口大省扎堆的中部地区，其空间城镇化率亦明显高于地广人稀的西部地区。

商业性金融发展水平（*FINGM*）、财政性金融发展（*FINCZ*）、产业城镇化率变量（*IURBANRATIO*）和固定资产投资率（*GUTOURATIO*）统计结果同第 5、第 6 章，此处不再赘述。详细统计结果见表 7.1。

表 7.1　　　　　　　　　　　　　**样本描述性统计**

地区	变量	观测值	平均值	标准差	最大值	最小值
东部	*SURBANRATIO*	121	0.038677	0.041413	0.157571	0.005487
	FINGM	121	2.331144	1.572137	8.677200	1.058400
	FINCZ	121	0.153345	0.054367	0.334700	0.078900
	IURBANRATIO	121	0.921002	0.070575	0.995600	0.672700
	GUTOURATIO	121	0.372125	0.105461	0.587800	0.162900
中部	*SURBANRATIO*	88	0.007487	0.003023	0.014988	0.003225
	FINGM	88	1.355903	0.526717	2.900000	0.784100
	FINCZ	88	0.184932	0.038665	0.269700	0.102300
	IURBANRATIO	88	0.871381	0.031782	0.943500	0.819400
	GUTOURATIO	88	0.441338	0.153416	0.844200	0.174100

续表

地区	变量	观测值	平均值	标准差	最大值	最小值
西部	*SURBANRATIO*	132	0.003001	0.003129	0.016129	0.000062
	FINGM	132	1.823167	0.461045	4.036100	1.061100
	FINCZ	132	0.347517	0.248576	1.346700	0.139800
	IURBANRATIO	132	0.867542	0.037819	0.926800	0.771000
	GUTOURATIO	132	0.535367	0.153612	0.934700	0.261500

7.3 实 证 分 析

7.3.1 模型的建立

同样，为了避免由于模型设定偏差而造成估计结果失真，需要确定模型设定形式。此处仍采用构造 F 统计量并与其临界值比较加以确定。对东、中、西部地区数据检验结果如表 7.2 所示。由表中数据可以看出，在 5% 的显著性水平下，无论是东部、中部还是西部，F_1 统计量均大于临界值，且 F_2 统计量亦均大于临界值。该检验结果表明，东、中、西部地区拒绝采用混合模型和变截距模型，均应采用变系数模型。

表 7.2　　　　　　　　　模型设定的协方差分析检验

地区	F_1 临界值	F_1 统计量	F_2 临界值	F_2 统计量	模型选择结果
东部	$F_1(40, 66) = 1.58$	8.39	$F_2(50, 66) = 1.54$	6.72	变系数模型
中部	$F_1(28, 48) = 1.71$	9.90	$F_2(21, 24) = 1.67$	144.62	变系数模型
西部	$F_1(44, 72) = 1.55$	6.67	$F_2(55, 72) = 1.51$	48.50	变系数模型

注：F_1 和 F_2 均在 5% 的显著性水平下取值。

综上所述，东、中、西部地区金融发展与人口城镇化关系的实证模型为：

$$SURBANRATIO_{it} = \alpha_i + \beta_{1i}FINGM_{1it} + \beta_{2i}FINCZ_{2it} + \beta_{3i}IURBANRATIO_{3it}$$
$$+ \beta_{4i}GUTOURATIO_{4it} + u_{it} \qquad (7.1)$$
$$i = 1, 2, \cdots, N; \ t = 1, 2, \cdots, T$$

其中，α 为截距项，i 表示省市自治区，t 表示年份，u 表示随机扰动项。该模型满足经典计量方程的基本假设。

7.3.2 单位根检验

对东、中、西部地区分别进行 LLC 检验、Fisher-ADF 检验 Chi-square 和 Fisher-PP 三种单位根检验（三种检验方法原理同第 5 章），检验结果如表 7.3 至表 7.5 所示。从表中可知，东、中、西部地区各统计量的 P 值均大于 0.1，表示各统计量在三种检验下均无法拒绝原假设，说明 SURBANRATIO、FINGM、FINCZ、IURBANRATIO 和 GUTOURATIO 序列均存在单位根，为非平稳性序列。为了得到平稳性序列需要进行差分处理，各变量一阶差分单位根检验如表 7.6 至表 7.8 所示。由表中可知，在一阶差分的情况下，东、中、西部地区各统计量的 P 值均小于 0.01，表示各统计量在三种检验下均拒绝有单位根的原假设，接受无单位根的备择假设，SURBANRATIO、FINGM、FINCZ、IURBANRATIO 和 GUTOURATIO 序列在一阶差分下均不存在单位根，为平稳性序列。

表7.3　　　　　　　　变量面板单位根检验：东部地区

变量	方法			结果
	LLC 检验	ADF 检验	PP 检验	
SURBANRATIO	19.7417 (1.0000)	0.60780 (1.0000)	0.18521 (0.9999)	不平稳
FINGM	4.46382 (1.0000)	1.79455 (1.0000)	0.67156 (1.0000)	不平稳
FINCZ	9.68922 (1.0000)	0.93472 (1.0000)	0.87602 (1.0000)	不平稳

续表

变量	方法			结果
	LLC 检验	ADF 检验	PP 检验	
IURBANRATIO	6.86880 (1.0000)	0.38097 (1.0000)	0.06525 (1.0000)	不平稳
GUTOURATIO	4.45115 (1.0000)	15.4030 (0.8444)	21.2518 (0.5052)	不平稳

注：单位根检验选择"none"项；括号中的数值为统计量的 P 值。

表 7.4　　　　　变量面板单位根检验：中部地区

变量	方法			结果
	LLC 检验	ADF 检验	PP 检验	
SURBANRATIO	15.1753 (1.0000)	0.03151 (1.0000)	0.01564 (1.0000)	不平稳
FINGM	3.94357 (1.0000)	1.91967 (1.0000)	0.79606 (1.0000)	不平稳
FINCZ	6.85871 (1.0000)	1.44465 (1.0000)	1.37208 (1.0000)	不平稳
IURBANRATIO	6.78368 (1.0000)	5.75638 (0.9905)	5.03245 (0.9956)	不平稳
GUTOURATIO	4.06225 (1.0000)	1.94239 (1.0000)	1.19257 (1.0000)	不平稳

注：单位根检验选择"none"项；括号中的数值为统计量的 P 值。

表 7.5　　　　　变量面板单位根检验：西部地区

变量	方法			结果
	LLC 检验	ADF 检验	PP 检验	
SURBANRATIO	18.3124 (1.0000)	0.22337 (1.0000)	0.06546 (1.0000)	不平稳
FINGM	5.71096 (1.0000)	1.19590 (1.0000)	0.27377 (1.0000)	不平稳

变量	方法			结果
	LLC 检验	ADF 检验	PP 检验	
FINCZ	6.13352 (1.0000)	1.39773 (1.0000)	0.90747 (1.0000)	不平稳
IURBANRATIO	7.94408 (1.0000)	2.76047 (1.0000)	0.77252 (1.0000)	不平稳
GUTOURATIO	8.94409 (1.0000)	1.38812 (1.0000)	1.13789 (1.0000)	平稳

注：单位根检验选择"none"项；括号中的数值为统计量的 P 值。

表7.6 　　　　　　　　　**一阶差分面板单位根检验：东部地区**

变量	方法			结果
	LLC 检验	ADF 检验	PP 检验	
D（*SURBANRATIO*）	−6.67704 *** (0.0000)	62.2377 *** (0.0000)	75.8759 *** (0.0000)	平稳
D（*FINGM*）	−7.55970 *** (0.0000)	77.9537 *** (0.0000)	76.1720 *** (0.0000)	平稳
D（*FINCZ*）	−2.88324 *** (0.0020)	27.6520 (0.1875)	31.1577 * (0.0929)	平稳
D（*IURBANRATIO*）	−8.62942 *** (0.0000)	98.5607 *** (0.0000)	106.925 *** (0.0000)	平稳
D（*GUTOURATIO*）	−4.94074 *** (0.0000)	59.1712 *** (0.0000)	63.9452 *** (0.0000)	平稳

注："D"表示一阶差分；*** 、** 、* 表示在1%、5%、10%显著性下拒绝原假设。

表 7.7   一阶差分面板单位根检验：中部地区

变量	方法			结果
	LLC 检验	ADF 检验	PP 检验	
D（SURBANRATIO）	− 13. 5369 *** (0. 0000)	73. 2901 *** (0. 0000)	71. 9541 *** (0. 0000)	平稳
D（FINGM）	− 7. 02989 *** (0. 0000)	64. 6315 *** (0. 0000)	62. 6673 *** (0. 0000)	平稳
D（FINCZ）	− 4. 18975 *** (0. 0000)	34. 9005 *** (0. 0041)	41. 1154 *** (0. 0005)	平稳
D（IURBANRATIO）	− 5. 98242 *** (0. 0001)	58. 1429 *** (0. 0074)	58. 5013 *** (0. 0000)	平稳
D（GUTOURATIO）	− 3. 78997 *** (0. 0001)	32. 9935 *** (0. 0074)	53. 1178 *** (0. 0000)	平稳

注："D"表示一阶差分；***、**、*表示在1%、5%、10%显著性下拒绝原假设。

表 7.8   一阶差分面板单位根检验：西部地区

变量	方法			结果
	LLC 检验	ADF 检验	PP 检验	
D（SURBANRATIO）	− 8. 65709 *** (0. 0000)	63. 5170 *** (0. 0000)	84. 0777 *** (0. 0000)	平稳
D（FINGM）	− 4. 34582 *** (0. 0000)	65. 5677 *** (0. 0000)	64. 0593 *** (0. 0000)	平稳
D（FINCZ）	− 6. 63842 *** (0. 0000)	71. 3891 *** (0. 0000)	73. 6877 *** (0. 0000)	平稳
D（IURBANRATIO）	− 6. 79427 *** (0. 0000)	102. 171 *** (0. 0000)	128. 034 *** (0. 0000)	平稳
D（GUTOURATIO）	− 4. 96695 *** (0. 0000)	59. 0227 *** (0. 0001)	66. 6129 *** (0. 0000)	平稳

注："D"表示一阶差分；***、**、*表示在1%、5%、10%显著性下拒绝原假设。

7.3.3　协整检验

为检验 *SURBANRATIO*、*FINGM*、*FINCZ*、*IURBANRATIO* 和 *GUTOUTATIO*
等变量之间是否具有稳定的均衡关系，避免时间序列共同趋势的伪回归问题，
选择佩德罗尼（Pedroni，2003）协整检验法，对东、中、西部地区面板数据
进行协整检验，结果如表 7.9 所示。从表中可以看出，东部、中部和西部地
区均在 5% 的显著性水平下拒绝原假设。由此可知，东、中、西部地区面板
数据变量之间均存在长期均衡的协整关系。

表 7.9　　　　　　　　　　　面板数据的协整检验

地区	指标	t 统计量	P 值	结论
东部	Panel-PP	− 1.958838 **	0.0251	存在协整关系
	Panel-ADF	− 1.730617 **	0.0418	
	Group-PP	− 7.712005 ***	0.0000	
	Group-ADF	− 2.976523 ***	0.0015	
中部	Panel-PP	− 4.106493 ***	0.0000	存在协整关系
	Panel-ADF	− 3.715605 ***	0.0001	
	Group-PP	− 3.175892 **	0.0007	
	Group-ADF	− 1.928154 ***	0.0269	
西部	Panel-PP	− 8.528220 ***	0.0000	存在协整关系
	Panel-ADF	− 3.400333 ***	0.0003	
	Group-PP	− 8.850371 ***	0.0000	
	Group-ADF	− 2.547978 ***	0.0054	

注：*** 、** 、* 表示在 1%、5%、10% 显著性水平下拒绝原假设。

7.3.4　固定效应和随机效应检验

与第 6 章类似的，本章涉及东、中、西部地区变系数模型均采用固定效
应模型。

7.3.5 实证结果分析

本研究选择固定效应变系数模型进行回归估计，在估计过程中需要考虑选择合适的面板数据权重。由于各地区金融以及经济存在差异，常常会导致面板数据出现截面异方差，需要选择特定权重消除截面异方差的影响；另外，考虑到本研究研究数据可比性，只涉及 2005 ~ 2015 的年度数据，从而导致各个地区横截面个数大于时序个数。鉴于以上两点，本研究在回归时选择截面加权 GLS 估计法。对东、中、西部地区面板数据进行回归估计，可以得到各地区金融发展对空间城镇化率的影响，如表 7.10 至表 7.12 所示。

（1）从模型拟合效果来看，东部、中部和西部地区模型可决系数 R^2 分别为 0.998561、0.996501 和 0.997615，说明三大区域模型拟合优度均很高；F 统计量分别为 848.3293、350.4697 和 510.5260，相应 P 值均为 0.000000，从 F 统计量和相应 P 值看，东、中、西部地区金融发展与空间城镇化面板数据模型拟合度较好。从各解释变量和控制变量 t 统计量及其相关概率看，60% 以上的解释变量和控制变量均在 10% 以上水平显著。

（2）从商业性金融发展对空间城镇化的影响来看，全国范围内，金融规模扩张对空间城镇化率提升既有促进作用，也有抑制现象；31 个省份中，正向作用和负向作用比率为 16∶15，影响系数均值为 − 0.00039。首先，从区域层面看，东、中、西部地区金融发展规模对空间城镇化进程亦呈现相似特点；从影响系数均值看，东部、中部地区均为负值，西部地区则整体呈现正向影响。其次，从地区层面看，金融发展规模对空间城镇化的影响亦无明显规律，且影响系数绝对值均较小。值得注意的是，商业性金融发展水平提升对上海市空间城镇化进程呈现出较为明显的促进作用。综上所述，商业性金融发展对我国空间城镇化率提升影响作用具有随机性，且总体上对我国空间城镇化影响作用较小。模型估计结果表明：一方面，我国商业性金融在空间城镇化进程中的支持作用仍然十分微弱；另一方面，在部分省份空间城镇化提速过程中，商业性金融支持力度不足对当地空间城镇化形成反向抑制。金融发展规模对空间城镇化进程影响统计结果详见表 7.13。

表7.10

东部地区模型估计结果

地区	系数 α		系数 β_{1i}		系数 β_{2i}		系数 β_{3i}		系数 β_{4i}	
	α值	P值	β_{1i}值	P值	β_{2i}值	P值	β_{3i}值	P值	β_{4i}值	P值
北京	-1.299363**	0.0188	-0.002643	0.3787	0.141519	0.5687	1.382949	0.5267	-0.002578	0.9650
天津	0.448693**	0.0188	-0.016047**	0.0395	0.232044***	0.0001	-0.432027	0.2875	0.073022**	0.0460
河北	-0.027496**	0.0188	-0.000955	0.3664	0.024789***	0.0000	0.037782***	0.0017	0.002203	0.2279
辽宁	-0.102111**	0.0188	0.000451	0.7675	0.047251*	0.0763	0.120567***	0.0000	-0.003514	0.3588
山东	-0.289507**	0.0188	-0.004104	0.2609	0.018831	0.7365	0.335250***	0.0002	0.026930***	0.0080
上海	-6.356443**	0.0188	0.014430**	0.0459	-0.399220***	0.0078	6.590332**	0.0177	-0.026373	0.7693
江苏	-0.139913**	0.0188	-0.013409***	0.0030	0.221352***	0.0000	0.152755**	0.0338	0.065039***	0.0011
浙江	-0.191291**	0.0188	0.002155**	0.0168	0.027160	0.1991	0.205582***	0.0000	0.026045***	0.0001
广东	-0.340432**	0.0188	0.002185	0.3602	0.061755***	0.0040	0.372524***	0.0000	0.002143	0.9305
福建	-0.002010**	0.0188	0.000776	0.4683	0.018122	0.1811	0.002149	0.8900	0.015317***	0.0000
海南	-0.003608**	0.0188	0.000232	0.8555	-0.011154**	0.0430	0.011233	0.3277	0.011669***	0.0032

$R^2=0.998561$；D. W统计量 = 1.777846；F统计量 = 848.3293；Prob（F-statistic）= 0.000000

注：***，**，*表示在1%，5%，10%显著性水平下拒绝原假设。

表 7.11　中部地区模型估计结果

地区	系数 α		系数 β_{1i}		系数 β_{2i}		系数 β_{3i}		系数 β_{4i}	
	α 值	P 值	β_{1i} 值	P 值	β_{2i} 值	P 值	β_{3i} 值	P 值	β_{4i} 值	P 值
黑龙江	0.008850	0.3298	-0.000027	0.8832	0.001869	0.1011	-0.006870 ***	0.0009	0.000951 **	0.0247
吉林	-0.022938	0.3298	-0.000482	0.2984	0.006738	0.1101	0.033441 ***	0.0000	-0.000736 ***	0.0490
山西	-0.004142	0.3298	-0.001604 **	0.0103	-0.001629	0.7854	0.010225	0.3604	0.008202 ***	0.0000
河南	-0.006857	0.3298	0.001645	0.5248	0.051192 ***	0.0000	0.010631	0.6820	0.001970	0.7326
安徽	-0.040751	0.3298	0.005563	0.1525	-0.000355	0.9723	0.052882 *	0.0774	-0.003684	0.1480
江西	-0.025158	0.3298	0.001344 **	0.0202	0.014779 **	0.0178	0.032982 ***	0.0008	-0.004664 ***	0.0000
湖北	0.067299	0.3298	-0.002015	0.1012	-0.002216	0.0993	-0.076199 ***	0.0001	0.029094 ***	0.0000
湖南	-0.010846	0.3298	-0.004848 ***	0.0001	0.026782 ***	0.0000	0.018740 **	0.0169	0.004465 ***	0.0011

$R^2 = 0.996501$；D. W 统计量 = 2.303127；F 统计量 = 350.4697；Prob（F-statistic）= 0.000000

注：***、**、* 表示在 1%、5%、10% 显著性水平下拒绝原假设。

表 7.12　西部地区模型估计结果

地区	系数 α		系数 β₁ᵢ		系数 β₂ᵢ		系数 β₃ᵢ		系数 β₄ᵢ	
	α 值	P 值	β₁ᵢ 值	P 值	β₂ᵢ 值	P 值	β₃ᵢ 值	P 值	β₄ᵢ 值	P 值
内蒙古	-0.000751 ***	0.0002	0.000141	0.4897	0.003498 ***	0.0003	0.000762	0.2097	0.000116	0.5852
重庆	-0.014103 ***	0.0002	-0.003752	0.4891	0.025840	0.1672	0.014058	0.7552	0.025887 *	0.0548
四川	-0.014055 ***	0.0002	0.004387 *	0.0607	-0.002671	0.3764	0.017741 *	0.0591	-0.009058 **	0.0308
贵州	-0.009541 ***	0.0002	0.002262 ***	0.0000	-0.010665 ***	0.0004	0.012076 **	0.0127	0.002108 ***	0.0055
广西	-0.025223 ***	0.0002	-0.001359	0.3683	0.002907	0.7450	0.038367 ***	0.0019	-0.001141	0.3866
云南	-0.004902 ***	0.0002	-0.001075 ***	0.0000	-0.000993 ***	0.0002	0.007290 **	0.0168	0.006690 ***	0.0000
西藏	0.000058 ***	0.0002	0.000009	0.5839	0.000006	0.7678	-0.000082	0.5255	0.000093	0.3258
陕西	-0.043868 ***	0.0002	0.000074	0.8712	-0.005195	0.3456	0.051886 ***	0.0007	0.002829 **	0.0111
甘肃	-0.000550 ***	0.0002	0.000599 ***	0.0001	0.000024	0.9730	0.000749	0.7841	0.000502 **	0.0446
青海	-0.001055 ***	0.0002	-0.000108 **	0.0276	-0.000134	0.2164	0.001383 ***	0.0096	0.000480 ***	0.0000
宁夏	-0.064829 ***	0.0002	0.004136 *	0.0746	-0.007130	0.5064	0.073194 ***	0.0018	-0.002574	0.4642
新疆	0.000210 ***	0.0002	-0.000159 **	0.0427	0.000842 ***	0.0000	-0.000041	0.9512	0.000753 ***	0.0000

$R^2 = 0.997615$；D.W. 统计量 = 1.869157；F 统计量 = 510.5260；Prob（F-statistic）= 0.000000。

注：***、**、*表示在 1%、5%、10%显著性水平下拒绝原假设。

表 7.13 金融发展规模对空间城镇化进程影响系数分析

项目	全国	东部	中部	西部
均值	-0.00039	-0.001539	-0.000053	0.00043
正向/负向地区数	16/15	6/5	3/5	7/5
全国前 10 位地区数	—	4	3	4
全国末 5 位地区数	—	3	1	1

（3）从政策性金融发展对空间城镇化影响角度来看，财政支出比率提升总体上对我国空间城镇化进程有正向促进作用，影响系数均值为 0.015675。首先，从区域层面看，我国东、中、西部地区财政支出比率对空间城镇化的影响系数均值分别为 0.034768、0.012145 和 0.000527；可见，东、中、西部地区财政支出比率提升均有利于加快空间城镇化进程，影响系数东、中、西部依次递减。结合表 7.1 可知，东、中、西部地区财政支出比率高低顺序依次为西部、中部和东部地区，其中西部地区财政支出比率为 0.347517，远高于东部和中部地区。因此，地方财政预算支出在推动空间城镇化进程中存在边际效益递减效应。一方面，鉴于融资渠道窄、融资模式单一等因素影响，中、西部地区在基础设施和公共设施建设等城镇开发建设中，存在过度依赖财政支出现象；另一方面，由于地方财政收入总体规模较低，致使中、西部地区财政支出总体规模远低于东部地区，中、西部地区严重依赖地方政府融资平台推动城市基础设施建设，导致地方债务风险大幅提升，反过来限制了地方政府财政支出对当地空间城镇化进程的有效支持。其次，从地区层面看，政策性金融发展对空间城镇化影响系数排名靠前的省份有天津、江苏和北京，影响系数分别为 0.232044、0.221352 和 0.141519，表明这三个省份财政支出比率每提高约 0.23 个、0.22 个和 0.14 个百分点；此外，影响系数排名前 10 位地区其财政支出比率大多低于 0.2，排名靠后地区如陕西、宁夏、贵州和海南等地，其地区财政支出比率均在 0.2 以上。政策性金融发展对空间城镇化进程影响详细统计结果见表 7.14。

（4）从控制变量来看，模型估计结果显示，70% 以上省份产业城镇化率和固定资产投资比率估计系数均通过 5% 水平的显著性检验，表明模型控制变量选取合理。

表 7.14   政策性金融发展对空间城镇化进程影响系数分析表

项目	全国	东部	中部	西部
均值	0.015675	0.034768	0.012145	0.000527
正向/负向地区数	20/11	9/2	5/3	6/6
全国前 10 位地区数	—	7	2	1
全国末 5 位地区数	—	2	0	3

第一，产业城镇化率变量方面。

产业城镇化对我国空间城镇化进程具有正向促进作用，影响系数均值为0.292655，表明产业城镇化率每提高 1 个百分点可推动空间城镇化率提升0.29 个百分点。从东、中、西部地区层面看，东、中、西部地区产业城镇化对空间城镇化进程影响系数分别为 0.798100、0.009479 和 0.018115，影响系数大小排序呈现东部最高、西部紧随其后、中部最低态势。其中，东部地区产业城镇化率提升对空间城镇化进程促进作用尤为突出，表明东部地区第二、第三产业的发展对促进当地基础设施和公共设施建设具有明显正向作用；中、西部地区第二、第三产业发展对空间城镇化影响显得较为微弱。可能原因在于：一方面，互联互通的东部城乡一体化，有利于促进产业布局的扩张，中、西部地区第二、第三产业主要集中于省会及域内主要大中城市，从而制约城市空间拓展；另一方面，东部地区第二、第三产业结构较为均衡，中、西部地区重工业以及大型国企、军工企业占比较高，民营经济发展相对落后，导致产业布局过度集中。

地区层面看，产业城镇化影响系数前 10 位地区中，东部地区占 7 席，中部和西部分占 1 席和 2 席。其中上海、北京和广东分列三甲，影响系数分别为 6.590332、1.382949 和 0.372524。进一步分析发现，影响系数前 10 位地区的产业城镇化率均较高。值得注意的是，天津地区产业城镇化对空间城镇化进程产生较为明显的负向影响，影响系数为 - 0.432027。深入分析不难发现，天津市滨海新区的设立，使得 2005 ~ 2015 年天津市空间城镇化率由0.044463 大幅提升至 0.074264，增幅高达 67%，行政区划调整对空间城镇化率提升影响远高于区域产业布局。

产业城镇化对空间城镇化进程影响详细统计结果见表 7.15。

表7.15 产业城镇化对空间城镇化进程影响系数分析

项目	全国	东部	中部	西部
均值	0.292655	0.798100	0.012145	0.018115
正向/负向地区数	26/5	10/1	6/2	10/2
全国前10位地区数	—	7	1	2
全国末5位地区数	—	1	2	2

第二，固定资产投资比率对空间城镇化影响方面。

全国以及东、中、西部地区固定资产投资比率对空间城镇化率影响均值分别为0.008135、0.017264、0.009479和0.002224，可见固定资产投资总体上有助于空间城镇化进程。然而，从东、中、西部地区影响系数均值依次下降可以看出，固定资产投资对空间城镇化水平提升同样存在边际效益递减现象。固定资产投资比率对空间城镇化进程影响详细统计结果见表7.16。

表7.16 固定资产投资比率对空间城镇化进程影响系数分析

项目	全国	东部	中部	西部
均值	0.008135	0.017264	0.009479	0.002224
正向/负向地区数	22/9	8/3	5/3	9/3
全国前10位地区数	—	6	2	2
全国末5位地区数	—	2	2	1

7.4 本章小结

在本章，我们以空间城镇化为被解释变量、以商业性金融发展水平和政策性金融发展水平作为解释变量，同时引入产业城镇化和固定资产投资比率作为控制变量，构建我国东、中、西部地区空间城镇化的金融支持实证分析模型。

通过模型形式检验、单位根检验、协整检验及固定效应和随机效应检验，确定东、中、西部地区均宜采用固定效应变系数模型对相关变量进行估计。

结果表明：以金融相关率衡量的商业性金融发展水平对空间城镇化进程的影响存在地区差异，商业性金融发展与东部、中部地区空间城镇化进程负相关，西部地区则表现为正向促进作用；以财政支出比率衡量的政策性金融发展水平对东、中、西部地区均有正向推动作用，这种作用随着财政支出比率的提高而呈现边际效益递减趋势；产业城镇化率变量对东、中、西部地区空间城镇化进程均具有显著的推动作用，其中，东部地区产业城镇化率提升对区域空间城镇化进程的促进作用最为明显；东、中、西部地区固定资产投资比率对空间城镇化均产生正向促进作用，这种作用同样呈现边际效益递减规律。

| 第 8 章 |

结论、建议与展望

8.1　结　论

　　迄今为止，现有文献没有系统研究金融发展对城镇化不同层面影响的地区差异。本研究基于新型城镇化的背景，对中国东、中、西部地区金融发展与区域城镇化进程的关系进行了理论分析和实证研究。在注重理论分析的基础上，结合我国东、中、西部地区金融发展和城镇化的演化历程，深入、系统地研究金融发展对人口城镇化、产业城镇化和空间城镇化等城镇化进程的三个不同层面的支撑作用，并对这种支撑作用的地区差异进行对比分析。通过面板数据模型、单位根检验、协整检验等计量方法，利用 2005～2015 年我国三大地区金融发展和人口城镇化、产业城镇化及空间城镇化的数据进行实证研究，本研究得出一些非常有益的结论，具体包括：

　　第一，我国东、中、西部地区金融发展体现出明显的"不充分不均衡"特征（如表 8.1 所示）。东部地区总体金融发展水平较高，金融结构更为均衡。中、西部地区金融发展速度有所加快，但总体发展水平低于东部地区；中、西部地区银行业发展领先于保险业和证券业，金融结构有待进一步优化。从商业性金融和政策性金融层面看，得益于经济市场化高以及地方财政充盈，东部地区商业性金融和政策性金融发展水平均高于中、西部地区，中、西部地区则存在过度依赖银行贷款和地方债券融资倾向，金融结构不够合理，金融风险加大。

表8.1 东、中、西部地区金融发展对比

地区	行业			商业性金融发展水平	政策性金融发展水平	商业和政策性金融均衡度
	银行业	保险业	证券业			
东部地区	高	高	高	高	高	均衡
中部地区	低	中	低	低	低	依赖政策性金融
西部地区	低	低	中	低	中	依赖政策性金融

第二，城镇化进程方面，东、中、西部地区亦存在显著差距。东部地区处于城镇化进程加速阶段后期，城镇化已接近发达国家水平，北京、上海和天津三个直辖市城镇化水平已达到发达国家水平。中部地区处于城镇化进程加速阶段中期，城镇化进程明显加速，区域内各省级单位城镇化进程十分接近。西部地区处于城镇化进程加速阶段初期，城镇化速度快于东、中部地区，但总体城镇化水平低于中部和东部地区；西部地区区域内各省份城镇化水平差异较大，区域内各省份城镇化发展极不平衡。

从城镇化的人口 - 产业 - 空间三个层面看（如表8.2所示），东部地区产业城镇化和人口城镇化已经达到较高水平，产业城镇化和人口城镇化速度有所放缓，空间城镇化则保持较高增速，突出表现为空间城镇化速度快于产业城镇化和人口城镇化速度；中部地区城镇化进程三个层面均保持较快增速，人口 - 产业 - 空间城镇化进程协调度最高；西部地区人口城镇化、产业城镇化和空间城镇化速度均快于东、中部地区，城镇化进程协调度高于东部地区，略低于中部地区。

表8.2   东、中、西部地区城镇化发展对比

地区	人口城镇化		产业城镇化		空间城镇化		协调度
	水平	速度	水平	速度	水平	速度	
东部地区	高	低	高	低	高	较高	低
中部地区	中	中	较高	中	中	中	高
西部地区	低	高	较高	高	低	高	中

城市建成区规模和人口密度排序呈现东部最高，中部次之，西部最低态势；从建成区人口密度视角看，东、中、西部地区与世界发达城市仍有一定差距，空间城镇化率尚有较大提升空间。可见，在近年来东、中、西部地区城区规模扩张速度加快背景下，受经济发展水平及财政支出水平等因素制约，城镇基础设施建设和公共服务设施供给依旧存在较大缺口，东、中、西部地区城市建成区规模仍有一定提升空间。

第三，金融规模扩大对我国东、中、西部三大地区产业城镇化进程均有正向促进作用，促进作用排序依次为中部 > 西部 > 东部，区域金融规模扩大对产业城镇化的支撑呈现边际效益递减。金融发展效率对东、中、西部地区产业城镇化进程影响存在明显的地区差异，表现为东部地区金融发展效率对产业城镇化有正向促进作用，中、西部地区金融发展效率的提高则抑制了地区产业城镇化率的提升。可见，中、西部地区过度依赖银行贷款等间接融资渠道，长期来看不利于产业城镇化进程向前推进，对经济可持续发展及产业结构调整带来负面影响。因此在追求金融效率提高的同时，需加强金融风险的管理和防范，通过拓展直接融资渠道优化区域金融结构，以提升金融发展对产业城镇化进程的支撑作用。实证研究结果还显示，人口城镇化对东、中、西部地区产业城镇化进程均具有显著促进作用，影响系数排序依次为西部 > 东部 > 中部。表明人口向城镇地区流动有利于促进当地产业结构向第二、第三产业转移，优化地区产业结构。固定资产投资对东、中、西部地区产业城镇化进程的影响也存在明显地区差异，东部和中部地区固定资产投资比率提高促进了产业城镇化率提升，而西部地区固定资产投资比率的进一步提升则抑制了产业城镇化进程。固定资产投资对产业城镇化水平提升同样存在边际效益递减规律，此外，随着固定资产投资比率的进一步提升，固定资产投资

不仅无法继续推动产业结构高级化和产业城镇化，反而会抑制产业城镇化率提升。

第四，金融规模对东、中、西部地区人口城镇化进程的影响存在明显地区差异。金融规模扩大整体上促进了东部和西部地区人口城镇化进程，在中部地区则表现为抑制人口城镇化水平的提升。总体上看，金融规模提升对我国人口城镇化具有正向促进作用，而在各省份层面则出现分化；金融规模扩大对内蒙古、山西和贵州等19个省份起到正向促进作用，而在湖南、广西和宁夏等12个省份则表现为负向抑制作用。

政策性金融发展对人口城镇化具有正向促进作用，财政支出比率每提高1个百分点将推动我国人口城镇化率提升0.42个百分点。财政支出比率对人口城镇化的影响系数东部最高、中部次之、西部最低，影响系数排序与财政支出比率正好相反，表明地方财政预算支出在促进人口城镇化进程中存在边际效益递减现象。

产业城镇化作为城镇化的核心动力源，对我国人口城镇化进程具有显著推动作用，产业城镇化率提高1%可带动人口城镇化率提升1.34%。其中，东部地区产业城镇化对人口城镇化带动作用最大，其次为中部地区和西部地区。东部地区产业城镇化不仅吸引本区域农村人口向城镇流动，还对中、西部地区流动人口具有极大的吸附作用。其中上海、北京和天津产业城镇化对人口城镇化进程影响系数分别达到4.700158、3.898041和3.267806，位列全国前三位。

城乡收入差距缩小并未阻碍我国人口城镇化进程。2005年以来，我国城乡收入差距逐步缩小，但人口城镇化进程呈加快趋势。随着我国城镇化进入加速阶段中后期，城镇化发展缩小了城乡收入差距。与此同时，农村流动人口对城市生活的向往取代城乡收入差距，成为人口城镇化的新动力源。

第五，商业性金融发展对产业城镇化的影响具有不确定性。金融规模扩张对东部和中部地区产生抑制作用，影响系数分别为-0.001539和-0.000053；西部地区金融规模扩张则促进了空间城镇化率提升，影响系数为0.00043。可见，金融规模扩张对我国空间城镇化的影响较小，空间城镇化进程中的金融支持较弱。这是由商业性金融的逐利性特征决定的，空间城镇化进程中的基础设施建设和公共服务设施建设往往难以得到商业银行的支持。

政策性金融发展对我国空间城镇化进程总体呈正向促进作用。东、中、西部地区财政支出对空间城镇化的影响系数均值分别为 0.034768、0.012145 和 0.000527;地方财政预算支出在推动空间城镇化进程中同样存在边际效益递减现象。政策性金融与商业性金融对空间城镇化的影响差异,表明当前我国东、中、西部地区空间城镇化进程的金融支持主要来源于地方财政支出,商业性金融介入程度及其影响有待提高。

产业城镇化作为城镇化进程的核心动力源,其对我国空间城镇化进程具有明显的正向促进作用,影响系数均值为 0.292655。其中,产业城镇化对东部地区空间城镇化进程的推动作用尤为突出,在中、西部地区则逊色不少。东部地区产业发展有力地推动了区域内城市群的形成,促进区域城乡一体化;中、西部地区产业发展多集中于核心省会城市,产业城镇化对空间城镇化的影响未能充分体现。

固定资产投资对全国以及东、中、西部地区空间城镇化进程均有正面影响,影响系数均值分别为:0.008135、0.017264、0.009479 和 0.002224。类似地,固定资产投资对空间城镇化水平提升亦存在边际效益递减现象。

金融发展及城镇化各项指标对城镇化进程的影响汇总详见表8.3。

表8.3 东、中、西部地区金融发展对城镇化进程影响汇总

项目	东部			中部			西部		
	人口城镇化	产业城镇化	空间城镇化	人口城镇化	产业城镇化	空间城镇化	人口城镇化	产业城镇化	空间城镇化
金融发展规模	促进	促进(弱)	抑制	抑制	促进(强)	抑制	抑制	促进(强)	促进
金融发展效率		促进			抑制			抑制	
财政性金融发展	促进(强)		促进	促进(强)		促进	促进(弱)		促进
人口城镇化		促进			促进			促进	
产业城镇化	促进(强)		促进	促进(弱)		促进	促进(弱)		促进
城乡收入差距	抑制			抑制			抑制		
固定资产投资		促进	促进		促进	促进		抑制	促进

8.2 对策建议

根据以上结论，金融发展的各项指标对新型城镇化各层面的影响表现出地区差异。增强新型城镇化进程中的金融支持，应充分考虑东、中、西部地区金融发展和城镇化进程的阶段特征，为有效发挥金融系统在新型城镇化进程中的支持作用，应做到：首先，加强金融市场自身建设，夯实支持城镇化进程的金融市场基础；其次，构建利于金融市场发挥作用的城镇空间载体；最后，完善相关配套政策，培育金融发展与城镇化进程良性互动的制度环境。

8.2.1 构建差异化的区域金融发展策略

研究结果显示，我国东、中、西部地区金融发展水平不平衡，金融发展水平差异导致其对城镇化进程的支持作用存在明显区域效应。因此，在制定金融发展策略时，针对东、中、西部地区金融发展现状制定差异化对策显得十分必要。

（1）促进东部地区城镇化进程的金融发展策略。表8.1显示，东部地区金融发展水平较高，金融规模扩大有利于促进人口城镇化和产业城镇化发展，但金融规模扩张在空间城镇化进程中的作用不明显。因此，东部地区在保持金融规模扩张的同时，需要引导市场资金投向基础设施建设和公共服务设施建设领域。财政性金融发展极大地推动了东部地区人口城镇化和空间城镇化进程，然而，过度依赖财政投入支持城镇化建设的模式已被证明是不可持续的。因此，东部地区应继续保持商业性金融和政策性金融均衡发展态势，在逐步放开民间资金进入基建领域的背景下，充分利用东部地区较高的居民储蓄和发达的证券市场，通过金融产品创新吸引市场资金支持东部地区空间城镇化发展。

（2）促进中部地区城镇化进程的金融发展策略。中部地区金融发展水平较低，与东部地区差距明显，部分指标也低于西部地区。要进一步提高金融转化效率，促进金融机构存款向贷款高效转化以支持区域城镇化进程。近几年，在实体经济不景气和去产能政策叠加作用下，中部地区第二、第三产业增加值出现逆转，产业结构存在被动高级化现象。实体经济金融需求趋弱导致的金融空转，降低了中部地区金融转化效率。因此，中部地区首先需要挖掘新的经济增长点以刺激产业发展对资金的需求；其次，通过金融创新和政策扶持，引导资金流入实体经济以推动产业城镇化进程，最终实现经济增长、金融转化和城镇化进程的良性互动；最后，需要优化金融结构，大力发展商业性金融，尤其是要推动证券市场的发展和完善，提高直接融资在全社会融资中的比重，以解决中部地区金融市场发育不完善、金融业态发展不均衡、金融对城镇化进程辐射能力较弱等问题。

（3）促进西部地区城镇化进程的金融发展策略。西部地区金融市场总体发展水平较低，与东部地区相比存在较大差距。商业性金融与政策性金融发展不均衡，政策性金融支持在城镇化进程中依然占据主导地位。可见，西部地区需要加快商业性金融市场的发展步伐，用好国家西部大开发战略和"一带一路"等相关政策，促进商业性金融发展，改变过度依赖政策性金融推动城镇化发展的传统。在已有基础上继续推动证券市场发展，提高直接融资比重，吸引社会资金参与城镇化建设。积极发展农村金融，推动农业现代化发展，改变以往资金主要投向大城市的现象。

总体而言，东部地区金融发展水平较高，资本投资市场趋向饱和；中、西部地区处于金融发展初级阶段，资金存在较大缺口。积极引导金融资本向中、西部地区流动，不仅可以避免资金在金融系统内部空转，还可提升中、西部地区金融发展对城镇化进程的支撑作用，实现金融发展与城镇化进程在东、中、西部地区的良性循环。

8.2.2 推动城乡一体化进程，为金融支持城镇化建设提供载体

金融是城镇化的动力，与此同时，金融支持作用的发挥需要一个载体。如前所述，城镇化三个层面间具有紧密联系，三者间的互动关系十分明显，推动产业、人口和空间城镇化协调发展，对加快我国东、中、西部地区城镇化进程具有重要意义。本研究认为，加强金融发展对城镇化进程的支撑作用、促进人口城镇化、产业城镇化和空间城镇化的协调发展，应着力构建全国及区域内部的梯度城镇化体系。

8.2.2.1　全国层面

构建东、中、西部地区协调发展的梯度城镇化体系。在城镇化发展过程中，推进产业城镇化是关键，依托产业城镇化带动人口城镇化与空间城镇化方可实现我国新型城镇化建设健康有序发展。因此，构建全国层面的城镇化体系，关键在于优化我国的产业布局。具体而言，东部地区产业城镇化方向应侧重于推动产业高级化，逐步实现经济金融化、经济服务化，逐步将东部地区建设成为辐射全国的研发中心、金融中心和服务业中心，从过度依赖房地产业支撑的增长方式向发展战略性新兴产业和现代服务业转变（易善策，2013）；中部地区重点发展第二产业，并适时推动为第二产业提供技术、智力支持的生产性服务业；西部地区进一步承接东部产业转移，在土地承载力较强的重点省份继续推动先进制造业及生产服务业，并依托区域资源禀赋，加快推动能源、矿产、采掘为主的初加工转向资源精深加工。适应东部地区产业转移重点由劳动密集型产业逐渐向以机械、电子信息为主的资本密集型和技术密集型产业转移（殷江滨，2015），大力发展旅游业。基于东、中、西部地区梯度产业布局，引导区域产业人口流动，据此推动区域城镇空间优化，实现东、中、西部地区产业城镇化、人口城镇化和空间城镇化协调有序发展。

8.2.2.2　区域层面

着力打造区域内部城市群，构建区域梯度城镇化体系；依托区域内部金融发展水平较高、经济集聚效应显著的特大城市、大城市，吸纳周边中小城市构建大中小城镇合理布局、有序发展的城镇体系；以此为载体，因地制宜打造三大产业体系，大城市重点发展以金融业为核心的第三产业，中小城市着重形成以第二产业为重点的产业集群，广大农村地区则遵循振兴乡村发展思想，着力发展规模化农业和乡村旅游产业。在产业城镇化引领下，实现东、中、西部地区区域人口城镇化，进而带动空间城镇化发展。

8.2.2.3　梯度城镇化路径及其运行机制

综上所述，构建我国梯度城镇化路径下城乡一体化系统，如图8.1所示。

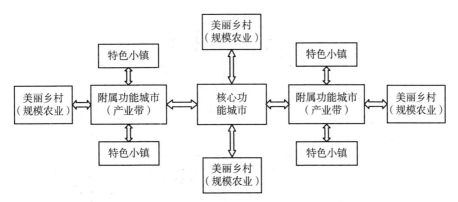

图 8.1　梯度城镇化路径下的城乡一体化系统

此城乡一体化系统中,美丽乡村为中小城市、中心城市提供原材料和劳动力等生产要素,同时农村农业人口逐渐流向特色产业小城镇和中小城市,成为城镇居民和非农就业者;特色小城镇成为商贸集散地和居住地;中小城市作为第二产业和部分第三产业的集聚中心,其原材料和劳动力等生产要素主要由农村和小城镇提供,而管理和技术等服务则由中心城市提供支持,其产业集中了分布于广大农村、小城镇的乡镇企业及从中心城市分流的第二产业,在专业化分工的基础上重新布局而形成的"农产品深加工、专业化分工的区域产业集群";中心城市主要以高新技术产业和第三产业为主,成为都市型工业集聚地,为整个区域提供信息、管理、技术和金融服务。一体化系统中,人流、物流和技术流等系统"流束"如图 8.2 所示。

8.2.2.4　梯度城镇化路径模式的特点

(1) 有利于提高我国的城镇化水平,有利于消除现有城镇化模式所带来的一系列问题。

(2) 有利于城市和产业的优化布局,有利于缓解二元结构引发的社会矛盾。

(3) 有利于逐步提高我国人口综合素质。梯度化推进人口素质的提高,避免城市中农民工形成小群体而制约其融入城市生活;有助于缓解新时代人民日益增长的美好生活需要和不平衡不充分的发展之间的矛盾。

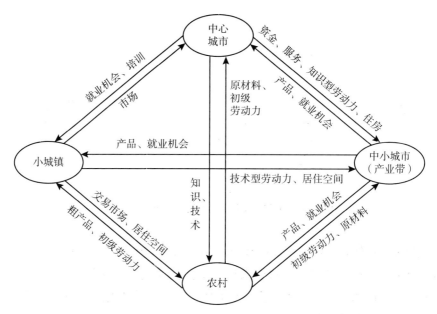

图8.2 城乡一体化系统中的菱形"流束"

（4）梯度城镇化路径成功实施的关键在于区域产业集群化和农村土地储备制度的建立。因此，需要统一规划区域产业布局，并成立类似土地交易所的农村土地流转和交易机构，逐步实现农村土地流转，为农村土地储备制度的建立提供实践依据。

综上所述，通过构建梯度城镇化发展路径，因地制宜促进我国三大区域及其内部产业城镇化、人口城镇化和空间城镇化协调发展。唯其如此，方可实现我国经济高级化发展，有效发挥金融发展对城镇化的促进作用，实现我国"产－城－人"融合发展的新型城镇化目标。

8.2.3 培育金融发展与城镇化进程良性互动的制度环境

在城镇化早期，政府主导的城镇化模式有其相对优势。当城镇化水平逐步提高，政府主导的城镇化建设金融支持模式，其可持续性缺陷开始凸显（黄庆华、周志波、陈丽华，2016）。因此，需要创新政策机制，为金融和新型城镇化的发展提供宽松环境。

在我国社会经济发展的各个领域，一定程度上均存在违背"政府行为法无允许即禁止""市场行为法无禁止即允许"等法律原则的现象，政府无限扩张权力边界的现象十分普遍。因此，培育金融发展与城镇化进程良性互动的制度环境，需要立足于我国宪法及法律法规制定的基本原则，严格设定政府权力边界，推动"保姆型政府"向"服务型政府"转变。

推动新型城镇化进程，政府需为各类金融机构营造公平公开、竞争有序的投资环境，充分挖掘金融市场潜力，推动数字金融、普惠金融等金融创新以拓展投资渠道。与此同时，积极开放和吸引民间资金参与新型城镇化建设，尤其是要推动城镇基础设施和公共服务设施建设投融资模式创新；稳步培育证券市场发展，为各类资金参与城镇化建设拓宽路径，以弥补我国城镇化建设资金缺口。推动政府回归宏观引导和政策供给的职能转型，改变过度干预市场的传统思维，将城镇化建设中的投融资职能交还市场。

8.3 研究不足和展望

首先，金融是一个复杂的系统，涉及方方面面，金融相关率的计算也存在多种理论，由于我国统计数据的缺失以及金融发展仍不够成熟，致使衡量金融发展的相关数据存在缺失。金融发展涵盖银行业、证券业和保险业等细分行业，近年来互联网金融亦得到迅猛发展。然而，作为衡量一国经济的晴雨表，证券市场在我国仍旧处于初级阶段，证券市场诸多弊病导致证券业发展与城镇化进程存在诸多背离。此外，证券市场在东、中、西部地区的发展同样存在巨大差异。与证券业相比，保险业在我国的发展更为缓慢，且因保险业统计数据相对缺乏，其对城镇化的影响难以有效衡量。基于此，本研究引入金融相关率、存贷款比率以及财政支出比率等指标，从商业性金融和财政性金融等层面衡量金融发展水平，随着证券业和保险业的进一步发展，可将相关数据纳入金融发展衡量指标，必能更为全面反映我国金融发展水平。

其次，城镇化发展水平涉及人口城镇化、产业城镇化和空间城镇化，运用人口城镇化、产业城镇化和空间城镇化等单一指标测度"人口－产业－空间"城镇化发展水平，一定程度上可较好地展现城镇化发展水平与金融支持的地区差异，但区域人口城镇化、产业城镇化和空间城镇化的演化过程涉及因素众多，今后研究过程中，可尝试将三者整合为一个统一的城镇化发展指标纳入面板数据模型，以便精确测定金融发展综合指标与城镇化发展综合指标间的定量关系。

最后，城镇化影响因素十分复杂，除金融发展水平、固定资产投资、城乡收入比以及城镇化各层面等因素外，对外贸易、消费水平等亦有重要贡献。本研究实证研究模型中，在选择解释变量、控制变量时，可能存在忽略部分重要变量的情况，今后研究中可将更多变量纳入模型，以便精确确定金融发展对城镇化进程的影响。

参考文献

一、中文部分

[1] 阿尔弗雷德·韦伯.1997.工业区位论 [M].北京:商务印书馆.

[2] 白钦先,张坤.2014.中国政策性金融廿年纪之十辨文 [J].东岳论丛,
11:25-36.

[3] 曹文莉,张小林,潘义勇,张春梅.2012.发达地区人口、土地与经济
城镇化协调发展度研究 [J].中国人口·资源与环境,2:141-146.

[4] 曾小春,钟世和.2017.我国新型城镇化建设资金供需矛盾及解决对策
[J].管理学刊,2:26-39.

[5] 陈德球,魏刚,肖泽忠.2013.法律制度效率、金融深化与家族控制权
偏好 [J].经济研究,10:55-68.

[6] 陈林心,何宜庆,徐夕湘.2017.长江中游城市群人口-空间-产业城
镇化的时空耦合特征分析 [J].统计与决策,12:129-133.

[7] 陈雨露.2013.中国新型城镇化建设中的金融支持 [J].经济研究,2:
10-12.

[8] 陈元.2010.开发性金融与中国城市化发展 [J].经济研究,7:4-14.

[9] 成涛林.2015.新型城镇化地方财政支出需求及资金缺口预测:2014—
2020 [J].财政研究,8:52-57.

[10] 崔喜,苏荣晨.2014.新型城镇化、固定资产投资与金融支持:基于省
际面板数据的实证研究 [J].投资研究,11:139-149.

[11] 邓睿,冉光和.2017.两代农民工的社区公平感有何不同?:农民工融

入城市社区背景下的经验研究 [J]. 公共管理学报，1：89 - 103.

[12] 丁汝俊，段亚威 . 2014. 农村金融体系构建：加快我国城镇化发展的重要推动力 [J]. 财经科学，1：10 - 18.

[13] 董辅礽 . 1999. 中华人民共和国经济史（下）[M]. 北京：经济科学出版社 .

[14] 段成荣，邹湘江 . 2012. 城镇人口过半的挑战与应对 [J]. 人口研究，2：45 - 49.

[15] 樊欢欢，刘荣 . 2014. Eviews 统计分析与应用 [M]. 2 版 . 北京：机械工业出版社 .

[16] 范兆媛，周少甫 . 2017. 金融支持对新型城镇化促进的空间效应研究：来自中国 30 个省域数据的实证分析 [J]. 现代财经，2：69 - 81.

[17] 方创琳，王德利 . 2011. 中国城市化发展质量的综合测度与提升路径 [J]. 地理研究，11：1931 - 1946.

[18] 费孝通 . 1984. 小城镇，大问题 [M]. 南京：江苏人民出版社 .

[19] 费孝通 . 1985. 论小城镇及其他 [M]. 天津：天津出版社 .

[20] 冯兰瑞 . 2001. 城镇化何如城市化？[J]. 经济社会体制比较，4：6 - 10.

[21] 胡丽琴 . 2012. 金融时间序列分析（实验教程）[M]. 武汉：武汉大学出版社 .

[22] 辜胜阻 . 1991. 二元城镇化战略及对策 [J]. 人口研究，5：7 - 12.

[23] 辜胜阻 . 1992. 非农化及城镇化理论与实践 [M]. 武汉：武汉大学出版社 .

[24] 辜胜阻 . 1994. 解决我国农村剩余劳动力问题的思路与对策 [J]. 中国社会科学，5：59 - 66.

[25] 顾宁，余孟阳 . 2013. 农业现代化进程中的金融支持路径识别 [J]. 农业经济问题，9：58 - 64.

[26] 郭方 . 2016. 金融支持中部地区新型城镇化实证研究 [J]. 现代管理科学，11：90 - 92.

[27] 何国华，常鑫鑫 . 2011. 中国各地区自主创新能力的间接融资支持研究 [J]. 投资研究，11：16 - 28.

[28] 赫希曼 . 1991. 经济发展战略 [M]. 曹征海，潘照东，译 . 北京：经济科学出版社 .

[29] 胡滨，星炎 . 2015. 金融支持城镇化：韩国的经验及对中国的启示 [J].

国际金融研究，3：32 – 43.

[30] 胡朝举. 2017. 金融支持新型城镇化：作用机理、模式工具与优化路径 [J]. 甘肃社会科学，4：249 – 255.

[31] 黄国平. 2013. 促进城镇化发展的金融支持体系改革和完善 [J]. 经济社会体制比较，4：56 – 66.

[32] 黄庆华，周志波，陈丽华. 2016. 新型城镇化发展模式研究：基于国际比较 [J]. 宏观经济研究，12：59 – 66.

[33] 黄泰岩，石腾超. 2013. 规避城市化厄运的关键与途径 [J]. 当代经济研究，10：1 – 13.

[34] 黄勇，谢朝华. 2008. 城镇化建设中的金融支持效应分析 [J]. 理论探索，3：91 – 93.

[35] 贾洪文，胡殿萍. 2013. 中国金融发展与城镇化相关性 [J]. 首都经济贸易大学学报，4：44 – 51.

[36] 贾康，孙洁. 2014. 公私合作伙伴机制：新型城镇化投融资的模式创新 [J]. 中共中央党校学报，1：64 – 71.

[37] 寇琳琳. 2014. 推进我国农业转移人口市民化的财政投入重点 [J]. 财政研究，5：77 – 79.

[38] 李安定，金艳平，朱永行. 2006. 论上海现代服务业发展与金融支持 [J]. 上海金融，2：17 – 21.

[39] 李宝礼，胡雪萍. 2014. 金融发展会造成人口城镇化滞后于土地城镇化吗 [J]. 华东经济管理，12：18 – 23.

[40] 李宝礼，胡雪萍. 2016. 我国土地城镇化过快的生成与演化：基于金融支持过度假说的研究 [J]. 经济经纬，11：155 – 160.

[41] 李春宇. 2017. 金融支持新型城镇化建设的实证研究：以黑龙江省为例 [J]. 城市发展研究，3：29 – 34.

[42] 李建华. 2014. 城镇化进程中的金融支持研究 [J]. 技术经济与管理研究，10：102 – 105.

[43] 李廉水，Roger R. Stough. 2006. 都市圈发展：理论演化·国际经验·中国特色 [M]. 北京：科学出版社.

[44] 李强，陈宇琳，刘精明. 2012. 中国城镇化"推进模式"研究 [J]. 中国社会科学，7：82 – 102.

[45] 李巧莎，张杨 . 2017. 日本农村合作金融发展、改革及启示 ［J］. 现代日本经济，3：42 - 51.

[46] 李清政，刘绪柞 . 2015. 金融支持与我国新型城镇化互动发展的理论与实证研究 ［J］. 宏观经济研究，4：142 - 152.

[47] 李文，庄亚明 . 2017. 中国西部新型城镇化建设综合测度及金融支持研究 ［J］. 经济问题探索，1：72 - 81.

[48] 李文 . 2017. 甘肃新型城镇化建设综合测度与金融支持研究 ［J］. 统计与决策，8：166 - 168.

[49] 李晓梅，赵文彦 . 2013. 我国城镇化演进的动力机制研究 ［J］. 经济体制改革，3：20 - 24.

[50] 李新光，胡日东，张彧泽 . 2015. 我国土地财政、金融发展对城镇化支持效应的实证研究：基于面板平滑转换模型 ［J］. 宏观经济研究，4：132 - 141.

[51] 李妍妮，于东焕，崔巍 . 2015. 日本城镇化进程中的金融支持及启示 ［J］. 经济纵横，12：116 - 119.

[52] 李勇 . 2013. 开发性金融支持天津城镇化建设的具体实践与理论思考 ［J］. 经济研究参考，1：64 - 69.

[53] 李云新，杨磊 . 2015. 中国城镇化"推进模式"的发展困境与转型路径 ［J］. 中国行政管理，6：53 - 57.

[54] 李长亮 . 2015. 城镇化缩小城乡收入差距了吗？：基于全国 31 省区 2004 ~ 2013 年面板数据的实证分析 ［J］. 开发研究，6：121 - 125.

[55] 李舟 . 2014. 我国农村城镇化建设中金融支持存在的问题、原因及对策 ［J］. 河南师范大学学报（哲学社会科学版），3：88 - 90.

[56] 刘法威，许恒周，王姝 . 2014. 人口 - 土地 - 经济城镇化的时空耦合协调性分析：基于中国省际面板数据的实证研究 ［J］. 城市发展研究，8：7 - 11.

[57] 刘欢，邓宏兵，谢伟伟 . 2017. 长江经济带市域人口城镇化的时空特征及影响因素 ［J］. 经济地理，3：55 - 62.

[58] 刘士义 . 2017. 我国新型城镇化的内涵及金融支持路径 ［J］. 城市发展研究，7：63 - 67.

[59] 刘天金，蔡志强 . 2007. 农民工代际转换问题及其政策调适和制度安排

[J]. 宏观经济研究，2：23 – 28.

[60] 刘易斯 . 1972. 对无限劳动力的反思 [C]//国际经济与发展 . 纽约：学术出版社：75 – 96.

[61] 罗琼 . 2016. 中国金融发展与新型城镇化建设的关系实证分析 [J]. 经济地理，9：66 – 71.

[62] 罗云开 . 2015. 我国新型城镇化过程中政策性金融作用探讨 [J]. 上海经济研究，4：51 – 54.

[63] 毛其淋 . 2011. 经济开放、城市化水平与城乡收入差距：基于中国省际面板数据的经验研究 [J]. 浙江社会科学，1：11 – 23.

[64] 宁越敏 . 1998. 新城市化进程：90 年代中国城市化动力机制和特点探讨 [J]. 地理学报，5：470 – 477.

[65] 牛启春，刘翔 . 2008. 西部地区金融发展对产业结构和城市化影响的实证研究 [J]. 金融经济，10：126 – 127.

[66] 欧阳金琼，王雅鹏 . 2014. 城镇化对缩小城乡收入差距的影响 [J]. 城市问题，6：94 – 100.

[67] 戚伟，刘盛和，金浩然 . 2017. 中国户籍人口城镇化率的核算方法与分布格局 [J]. 地理学报，4：616 – 632.

[68] 乔路 . 2015. 金融中介发展规模和结构对工业化进程影响的实证分析 [J]. 统计与决策，8：129 – 131.

[69] 秦佳，李建民 . 2013. 中国人口城镇化的空间差异与影响因素 [J]. 人口研究，2：25 – 40.

[70] 邱俊杰，邱兆祥 . 2013. 新型城镇化建设中的金融困境及其突破 [J]. 理论探索，4：82 – 86.

[71] 裘丽 . 2017. 英国 PPP 模式管制实践中的制度贡献 [J]. 新视野，5：116 – 122.

[72] 荣晨，葛蓉 . 2015. 我国新型城镇化的金融支持：基于政府和市场关系的经验证据 [J]. 财经科学，3：22 – 32.

[73] 邵川，刘传哲 . 2016. 金融驱动城镇化发展的机制与维度 [J]. 江汉论坛，11：17 – 22.

[74] 苏亮瑜 . 2010. 美国市政债券市场发展状况及经验借鉴 [J]. 银行家，8：91 – 93.

[75] 孙保営.2008. 国外农村金融支持农村建设与发展的经验和启示 [J].
当代经济，10：44－45.

[76] 孙东琪，陈明星，陈玉福，叶尔肯·吾扎提.2016.2015～2030 年中国
新型城镇化发展及其资金需求预测 [J]. 地理学报，6：1025－1044.

[77] 孙红玲，唐未兵，沈裕谋.2014. 论人的城镇化与人均公共服务均等化
[J]. 中国工业经济，5：18－30.

[78] 孙红玲.2013. 推进新型城镇化需改按常住人口分配地方财力 [J]. 财
政研究，3：56－58.

[79] 孙健夫.2013. 推进新型城镇化发展的财政意义与财政对策 [J]. 财政
研究，4：61－64.

[80] 孙浦阳，武力超.2011. 金融发展与城市化基于政府治理差异的视角
[J]. 当代经济科学，2：43－52.

[81] 唐未兵，唐谭岭.2017. 中部地区新型城镇化和金融支持的耦合作用研
究 [J]. 中国软科学，3：140－151.

[82] 汪小亚.2002. 中国城镇城市化与金融支持 [J]. 财贸经济，8：31－34.

[83] 王丛.2017. 金融支持城镇化的影响机制及地区差异分析 [J]. 统计观
察，13：111－114.

[84] 王建威，何国钦.2012. 城镇化发展与财政金融支持机制协同创新的效
率分析 [J]. 上海金融，6：94－97.

[85] 王建英，马德功.2016. 城镇化进程中财政支出与金融效率关系的实证
检验 [J]. 统计与决策，24：140－143.

[86] 王锐，朱显平.2016. 产业结构、城镇化与经济增长：基于省际面板数
据的经验分析 [J]. 中国流通经济，4：64－71.

[87] 王小鲁，夏小林.1999. 优化城市规模 推动经济增长 [J]. 经济研究，
9：22－29.

[88] 王勋，Anders Johansson.2013. 金融抑制与经济结构转型 [J]. 经济研
究，1：54－67.

[89] 王洋，方创琳.王振波.2012. 中国县域城镇化水平的综合评价及类型
区划分 [J]. 地理研究，7：1305－1316.

[90] 王振坡，游斌，王丽艳.2014. 论新型城镇化进程中的金融支持与创新
[J]. 中央财经大学学报，12：46－53.

[91] 威廉·配第.1978.政治算术 [M].北京:商务印书馆.

[92] 科林·克拉克.1940.经济进步的条件 [M].东洋经济新报社.

[93] 韦福雷,胡彩梅,鞠耀绩.2013.省域城镇化金融支持效率及影响因素 [J].金融论坛,10:3-8.

[94] 沃尔特·克里斯泰勒.1998.德国南部中心地原理 [M].常正文,王兴中,等译.北京:商务印书馆.

[95] 谢金楼.2017.金融发展对城镇化建设的影响机理与实证研究 [J].经济问题,3:45-49.

[96] 谢守红,王平,甘晨.2016.金融之于新型城镇化的作用:以浙江省11个地级市为例 [J].城市问题,8:46-50.

[97] 谢天成,施祖麟.2015.中国特色新型城镇化概念、目标与速度研究 [J].经济问题探索,6:112-117.

[98] 熊湘辉,徐璋勇.2015.中国新型城镇化进程中的金融支持影响 [J].数量经济技术经济研究,6:73-89.

[99] 薛德升,郑莘.2001.中国乡村城市化研究:起源、概念、进展与展望 [J].人文地理,5:24-28.

[100] 杨慧,倪鹏飞.2015.金融支持新型城镇化研究:基于协调发展的视角 [J].山西财经大学学报,1:1-12.

[101] 杨菊华.2015.中国流动人口的社会融入研究 [J].中国社会科学,2:61-81.

[102] 姚雪松,方勇华.2017.金融发展对城镇化影响的实证分析 [J].统计与决策,13:168-171.

[103] 易善策.2013.产业结构演进与城镇化 [M].北京:社会科学文献出版社.

[104] 殷江滨.2015.产业转移、土地流转与农村劳动力转移 [M].西安:陕西师范大学出版社.

[105] 尹俏也,周可人.2012.构建现代服务业发展的金融支持体系 [J].中国发展观察,9:47-50.

[106] 俞佳晖.2013.新型城镇化可借鉴韩国政策性金融经验 [J].中小企业管理与科技,9:24-25.

[107] 袁晓初.2013.金融支持新型城镇化建设研究 [J].学习与探索,3:

122 – 124.

[108] 约翰·冯·杜能 . 2004. 孤立国同农业和国民经济的关系 [M]. 北京：
商务印书馆 .

[109] 张景华 . 2013. 新型城镇化进程中的税收政策研究 [J]. 经济学家，
10：55 – 61.

[110] 张肃，许慧 . 2015. 吉林省新型城镇化进程中的金融支持研究 [J]. 山
西财经大学学报，11：21 – 22.

[111] 张晓燕，冉光和，季健 . 2015. 金融集聚、城镇化与产业结构升级：基
于省级空间面板数据的实证分析 [J]. 工业技术经济，9：123 – 130.

[112] 张宇，曹卫东，梁双波，李影影 . 2017. 西部欠发达区人口城镇化与产业
城镇化演化进程对比研究：以青海省为例 [J]. 经济地理，2，61 –67.

[113] 张云 . 2014. 构建城镇化多元融资模式 [J]. 中国金融，2：12 – 14.

[114] 张宗益，许丽英 . 2006. 金融发展与城市化进程 [J]. 中国软科学，
10：112 – 120.

[115] 赵峥，倪鹏飞 . 2012. 我国城镇化可持续发展：失衡问题与均衡路径
[J]. 学习与实践，2：5 – 10.

[116] 赵峥 . 2012. 金融支持我国城市化进程的实证研究 [J]. 金融教育研
究，1：3 – 10.

[117] 周一星 . 1995. 城市地理学 [M]. 北京：商务印书馆 .

[118] 周宇騛 . 2013. 西南民族地区城镇化与金融支持 [J]. 贵州民族研究，
5：132 – 135.

[119] 周宗安，王显晖，汪洋 . 2015. 金融支持新型城镇化建设的实证研究：
以山东省为例 [J]. 东岳论丛，1：116 – 121.

[120] 朱建华，周彦伶，刘卫柏 . 2010. 欠发达地区农村城镇化建设的金融
支持研究 [J]. 城市发展研究，4：9 – 15.

[121] 左雯敏，樊仁敬，迟孟昕 . 2017. 新中国城镇化演进的四个阶段及其
特征：基于城乡关系视角的考察 [J]. 湖南农业大学学报（社会科学
版），3：44 – 49.

二、外文部分

[1] Andrews R B. 1995. The Mechanics of the Urban Economic Base [J]. Land

Economics, 2: 15 – 21.

[2] Armendariz B, Morduch J. 2010. The Economics of Microfinance [M]. 2nd ed. Cambridge: MIT Press.

[3] Atack J, Bateman F, Haines M. 2009. Did Railroads Induce or Follow Economic Growth? Rubanizationand Population Growth in the America Midwest, 1850 – 1960 [C]. NBER Working Paper Series.

[4] Bencivenga V R, Smith B D. 1991. Financial Intermediation and Endogenous Growth [J]. Review of Economic Studies, 58: 261 – 310.

[5] Boudeville J-R. 1966. Problems of Regional Economic Planning [M]. Edinburgh: Edinburgh University Press.

[6] Chang M. 2004. Urban Water Investment and Financing in China [J]. Water, 10: 14 – 18.

[7] Chen Y. 2010. Development Finance and Urbanization Development in China [J]. Economic Research Journal, 1: 29 – 42.

[8] Cho S H, Wu J, Boggess W G. 2003. Measuring Interactions Among Urbanization, Land Use Regulation, and Public Finance [J]. American Agricultural Economies Association, 1: 988 – 999.

[9] Cho S H, Wu J J. 2003. Mesuring Interactions Among Urbanization, Land Use Regulations and Public Finance [M]. London: Pluto Press.

[10] Dan L. 2013. Selection of Finance Development Mode and Governance Path Under The Land Finance Angel in China [J]. Pakistan Journal of Statistics, 6: 1019 – 1027.

[11] Davis J H, Goldberg R A. 1957. A Concept of Agribusiness, Division of Research [R]. Graduate School of Business Administration, Harvard University.

[12] Dematteis G. 1996. Towards a Unified Metropolitan Urban System in Europe: Core Centrality Versus Network [J]. Urban Networks in Europe, 19 – 28.

[13] Demirgüc-Kunt A, Maksimovic A. 1998. Law, Finance and Firm Growth [J]. Journal of Finance, 6: 2107 – 2137.

[14] Derriennic Y, Lin M. 2003. Fractional Poisson Equations and Ergodic Theorems for Fractional Coboundaries [J]. Israel Journal of Mathematics, 11: 156 – 159.

[15] Drabenstott M. 1997. Financing Rural America: A Conference Summary [J]. Federal Reserve Bank of Kansas City, 2: 90 – 98.

[16] Fan C. 2002. Population Change and Regional Development in China: Insights Based on the 2000 Censu [J]. Eurasian Geography and Economics, 6: 425 – 442.

[17] Fishman R. 2011. Beyond Suburbia: The Rise of the Technoburb [M]//LeGates R T, Stout F. The City Reader. London: Routledge: 75 – 84.

[18] Friedman J R. 1966. Regional Development Policy: A Case Study of Venezuela [M]. Cambrige: MIT Press.

[19] Friedman J R. 1973. Urbanization, Planning and National Development [M]. London: Sage Publication.

[20] Gottmann J. 1957. Megalopolis, or the Urbanization of Northeastern Seaboard [J]. Economic Geography, 3: 189 – 200.

[21] Hall R E, Jones C I. 1999. Why Do Some Countries Produce So Much More Output Per Worker than Others? [J]. Quarterly Journal of Economics, 114: 83 – 116.

[22] Hellmann T, Murdock K, Stiglitz J E. 1997. Financial Restraint: Toward a New Paradigm [M]. New York: Oxford University Press.

[23] Im K S, Pesaran M H, Shin Y. 1997. Testing for Unit Roots in Heterogeneous Panels [Z]. Mimeo. University of Cambridge.

[24] Jackson K T. 2011. The Drive-in Culture of Contemporary America [M]// LeGates R T, Stout F. The City Reader. London: Routledge: 65 – 74.

[25] Jeanneney S, Hua P, Liang Z. 2006. Financial Development, Economic Efficiency, and Productivity Growth: Evidence from China [J]. The Developing Economies, 1: 27 – 52.

[26] Kempson E, Whyley C. 1999. Kept Out or Opted Out: Understanding and Combating Financial Exclusion [M]. The Policy Press.

[27] Kim K-H. 1997. Housing Finance and Urban Infrastructure Finance [J]. Urban Studies, 10: 1597 – 1630.

[28] King R, Levine R. 1993. Finance and Growth Schumpeter Might be Right [J]. Quarterly Journal of Economics, 3: 317 – 737.

［29］ Kuznets S. 1941. National Income and Its Composition: 1919 – 1938 ［M］. National Bureau of Economic Research.

［30］ Levine R. 1997. Financial Development and Economic Growth: Views and Agenda ［J］. Journal of Economic Literature, 2: 688 – 726.

［31］ Lewis W A. 1954. Economic Development with Unlimited Supplies of Labor ［J］. The Manchester School of Economic arid Social Studies, 2: 139 – 191.

［32］ Liu S, Wang J, Zeng Y, et al. 2015. Existing Problems in Financial Support for New Urbanization and Recommendations ［J］. Asian Agricultural Research, 10: 1 – 3.

［33］ Mankiw G N, Romer D, Weil D N. 1992. A Contribution to the Empirics of Economic Growth ［J］. Quarterly Journal of Economic, 107: 407 – 437.

［34］ Marton A M. 2000. China's Spatial Economic Development: Results Landscapes in the Lower Yan-zi Delta ［M］. London and New York: Routledge.

［35］ Mckinnon R I. 1973. Money and Capital in Economic Development ［M］. Washington: Brooking Institution.

［36］ Merton R C, Bodie Z. 1993. Deposit Insurance Conference Series on Public Policy Reform: A Functional Approach ［C］. Carnegie-Rochester, 38: 1 – 34.

［37］ Michalopoulos S, Laeven L, Levine R. 2013. Financial Innovation and Endogenous Growth ［R］. NBER Working Paper: 153 – 156.

［38］ Myrdal G, Sitohang P. 1957. Economic Theory and Under – Developed Regions ［M］. London: Gerald Duckworth & Co. Ltd.

［39］ Nahashi, Stannics. 2007. Diverging Patterns with Urban Growth ［D］. Canada Economic Association Discussion Paper.

［40］ Neville L. 2011. Cash Management: Finance for an Urban Future ［J］. Euromoney, 41: 63.

［41］ Northam R M. 1975. Urban Geography ［M］. New York: John Wiley & Sons.

［42］ Patrick H T. 1966. Financial Development and Economic Growth in Underdeveloped Counries ［M］. Economic Development and Cultural.

［43］ Pedroni P. 2001. Panel Cointegration: Asymptotic and Finite Sample Properties of Pooled Time Series Tests, With an Application to the PPP Hypothesis ［R］. Revised Working Paper, Indiana University.

[44] Perroux F. 1950. Economic Space: Theory and Applications [J]. The Quarterly Journal of Economics, 1: 89 – 104.

[45] Rajan R G, Zingales L. 1998. Financial Dependence and Growth [J]. American Economics Review, 3: 559 – 586.

[46] Rajan R G, Zingales L. 2003. The Great Reversals: The Politics of Financial Development in the Twentieth Century [J]. Journal of Financial Economics, 69: 5 – 50.

[47] Ranis G, Fei J C H. 1961. A Theory of Economic Development [J]. The American Economic Eview, 4: 533 – 565.

[48] Ranis G, Fei J C H. 1964. Development of the Labor Surplus Economy Theory and Policy [R]. Yale University, The Economic Growth Center.

[49] Rioja F, Valev N. 2004. Finance and the Sources of Growth at Various Stages of Economic Development [J]. Economic Inquiry, 1: 127 – 140.

[50] Shaw E S. 1973. Financial Deepening in Economic Development [M]. New York: Oxford University Press.

[51] Song S F, Zhang K H. 2002. Urbanization and City Size Distribution in China [J]. Urban Studies, 12: 2317 – 2327.

[52] Stopher P R. 1993. Financing Urban Rail Projects: The Case of Los Angeles [J]. Transportation, 3: 229 – 250.

[53] Teranishi J. 1997. Interdepartmental Transfer of Resources Conflicts and Macro Stability [M]//Aoki M, Kim H, Okuno-Fujiwara M. Economic Development and Roles of Government in the East Asian Region. Nihon Keizai Shimbun, Inc.

[54] Todaro M P. 1969. A Model of Labor Migration and Urban Unemployment in Less Developede Countries [J]. American Economic Review, 1: 138 – 148.